A tradição da fábula

MARIA CELESTE CONSOLIN DEZOTTI
(Org.)

A tradição da fábula

De Esopo a La Fontaine

Colaboradores

José Dejalma Dezotti
Lucas Consolin Dezotti
Maria Letícia Guedes Alcoforado
Maria Valíria Aderson de Mello Vargas

editora
unesp

Direitos de publicação reservados à:

Fundação Editora da Unesp (FEU)
Praça da Sé, 108
01001-900 – São Paulo – SP
Tel.: (0xx11) 3242-7171
Fax: (0xx11) 3242-7172
www.editoraunesp.com.br
www.livrariaunesp.com.br
feu@editora.unesp.br

Dados Internacionais de Catalogação na Publicação (CIP) de acordo com ISBD
Elaborado por Vagner Rodolfo da Silva – CRB-8/9410

T763

A tradição da fábula: de Esopo a La Fontaine / Maria Celeste Consolin Dezotti (org.); José Dejalma Dezotti, Lucas Consolin Dezotti, Maria Letícia Guedes Alcoforado, Maria Valíria Aderson de Mello Vargas (colaboradores). – São Paulo: Editora Unesp, 2018.

ISBN: 978-85-393-0749-4

1. Literatura. 2. Antologia. 3. Fábulas. 4. Dezotti, Maria Celeste Consolin. I. Dezotti, Maria Celeste Consolin. II. Dezotti, José Dejalma. III. Dezotti, Lucas Consolin. IV. Alcoforado, Maria Letícia Guedes. V. Vargas, Maria Valíria Aderson de Mello. VI. Título.

CDD 800
CDU 8

Editora afiliada:

Asociación de Editoriales Universitarias de América Latina y el Caribe

Associação Brasileira de Editoras Universitárias

Aos mestres
Dante Tringali e *Fernando Carvalho*
in memoriam

Há muitas formas de dizer a verdade.
Talvez a mais persuasiva seja a que tem
a aparência de mentira.

José Américo de Almeida

Sumário

Prefácio

Num momento em que, graças ao trabalho da escola fundamental e média, é dado a um número cada vez maior de simples cidadãos acompanhar com espírito crítico o que se estampa em órgãos que se pretendem formadores de opinião, cabe, por um lado, perguntar o que levaria alguém que alcançou consagração pública – escudado no prestígio do órgão em que escreve – a encabeçar sua festejada coluna do dia no jornal *Folha de S.Paulo*, com títulos tais como:

"Os tucanos e o projeto avestruz" (Rogério Cezar de Cerqueira Leite, 27 mar. 1996, cad.1-3);
"Fábula da saúde" (Josias de Souza, 27 out. 1997, cad.1-2);
"A maldição do sapo" (Clóvis Rossi, 4 mar. 1999, cad.1-2);
"O leão e o cordeiro" (Kenneth Maxwell, 7 mar. 1999, cad.5-7);
"O órfão e o rinoceronte" (Jorge Coli, 7 mar. 1999, cad.5-10);
"O apagão e os urubus" (Eliane Cantanhêde, 14 mar. 1999, cad.1-2);

"A barata e o canhão" (Carlos Heitor Cony, 24 set. 2001, cad.1-2).

A nenhum desses títulos corresponde um texto subsequente que seja uma narrativa em termos formais e, menos ainda, uma fábula, tal como aquela de que Esopo fixou o modelo. Trata-se sempre, isto sim, de um comentário, uma apreciação, uma tomada de posição pró ou contra acontecimentos da vida pública ou privada dignos de menção; tudo aquilo, em suma, que ao discurso com predominância temática e estilo denotado é que competiria exprimir. Seria possível tomar como objeto da pergunta, por outro lado, o texto – ou quem sabe seria um hipertexto, já que sua leitura não precisa ser linear nem única – que constitui a primeira capa da revista *Veja*, edição nº 1668. Aí a associação com o lobo da fábula e, portanto, com a própria fábula não pode deixar de ser evocada pela presença, lado a lado, da imagem de dois animais, dentre os quais um é, sem equívoco, um cordeiro. E isso, ainda que outros elementos semiológicos, tais como cor, tamanho, arranjo, indumentária e outros de leitura menos imediata, mas igualmente fortes, como a instrumentalização do cordeiro pelo lobo, sejam de preferência os explorados, além de que, por critérios puramente zoomórficos, esse lobo se parece mais com um pacífico husky siberiano. Pouco importa. Entre as mensagens veiculadas, não pode deixar de estar presente a que tem por significante, em relação intertextual, a narrativa esopiana, à qual pertence manter afastados efeitos colaterais tais como os de ambiguidade, que pudessem toldar a limpidez desse novo texto em sua exigência fundamental de unidade.

A pergunta, partindo já destas duas indagações – a dos títulos fabulísticos encabeçando textos dissertativos e a da personagem da fábula utilizada na encarnação de ideias políticas –, passa a ser: por que, dentre as breves narrativas exemplares (pense-se também no apólogo e na parábola), é com a espécie fábula que fica o privilégio, sobretudo quando se pensa em termos de popularidade? Pode-se aventar aí, a título de sugestão, uma ideia pouco hegeliana. Para isso, será preciso apenas que não seja levada em conta a pouca importância conferida ao assunto pelo grande filósofo, em um capítulo de sua *Estética* chamado "O simbolismo consciente na arte analógica", com o qual ele se desvencilha desta e de outras unidades literárias a ela associadas, depois de tê-las classificado como "as de ponto de partida exterior" e "as que têm seu ponto de partida na significação". Não se vê muito bem onde fica, nessa espécie de redução, o princípio estético assim formulado por P. Francastel:

> A função estética não pressupõe de nenhum modo um mimetismo. Ela é complexa como todas as faculdades humanas e, na medida em que, por consequência, admite adaptação, progresso, mutação, ela acrescenta algo ao percebido. Não haveria como reduzi-la a um poder automático de imitação.

É ao não reconhecimento prévio desse poder de criação inerente à vida humana, antecipado a qualquer ação apenas classificatória e idealista, que se pode atribuir a aceitação não discutida por parte do citado pensador alemão de uma afirmação tão alvar quanto a de que "a essência da fábula consiste em fazer falarem e agirem os animais em lugar dos homens". Só o trauma deixado pelo autoritarismo escolar na criança, obrigada a ler de modo automático e a traduzir – na verdade, a oferecer humildemente ao professor de grego e latim uma caução vernácula do aprendizado gramatical –, pode explicar tamanha prevenção do adulto, pouco importa que seja um filósofo renomado, contra o Esopo e o Fedro escolares. Essa espécie de inibição psicológica da parte de Hegel, à qual, em linguagem moderna, se poderia chamar bloqueio emocional, talvez pudesse ser invocada para explicar, sem ter de recorrer ao horaciano cochilo de Homero: *quandoque bonus dormitat Homerus* (*Poética* 359), por que não se pode contar com a contribuição do filósofo, pelo mais sempre tão valiosa, no encaminhamento de uma questão como essa aqui ventilada.

Não se trata de encarar o assunto apenas pela extraordinária extensão em tempo e espaço daquela que se poderá chamar a cultura da fábula, verificável nos hábitos discursivos das pessoas em todos os tempos e nos mais diversos lugares e ocasiões, seja quando escrevem ou narram inteiras unidades fabulares, seja quando, com economia dos meios, as evocam por seus títulos: "A galinha dos ovos de ouro", "A menina do leite", "A tartaruga e a lebre", "A raposa e as uvas", "O leão e o rato"; ou por uma curta sequência de seu entrecho que as faça presentes e, por isso, tornada recurso da expressão ou tropo de calculada eficácia: "trazer ou alimentar uma cobra ao seio", "estão verdes", "a parte do leão", "o olho do dono", "*lupus in fabula*", "a lei do mais forte", "a lei da selva"; seja quando se conclui uma fala, qualquer que tenha sido o peso, o grau de abstração das ideias versadas e o tom imprimido à elocução delas, por um estratégico e benevolente "moral da história" de indisfarçável intenção retórica. Como de fato o é tudo que se refere à fábula.

Trata-se, ao invés, de determinar, para além de cada um desses expedientes, aos quais foi aqui proposto chamar cultura da fábula, algo bem mais estruturante e fundamental, a fim de que possa funcionar como uma forma, *a forma da fábula*. Com esta, tem-se, assentado em bases consistentes, um princípio sólido sobre o qual apoiar o sentido textual, esteja em jogo a fábula propriamente dita ou – a distinção é definitiva – o *efeito fábula*. Entenda-se por *efeito fábula* toda sequência que, independentemente do texto em que se encontra, evoca, por sua própria forma, a de uma fábula. A condição é aí, como se vê, a de que não haja dúvida quanto ao conceito eminentemente estrutural de fábula com o qual se trabalha. Nessa concepção, a uma subunidade discursiva figurativa mínima vem estruturar-se, por meio de outra subunidade discursiva metalinguística mínima, uma terceira subunidade discursiva temática mínima. A unidade daí resultante é a fábula esopiana, reconhecível já por qualquer das três subunidades constitutivas, seja qual for o contexto ou discurso em que se encontre, pela simples força do pensamento estrutural.

A comprovação, por assim dizer, histórica do que ficou aí observado corre por conta dos fatos empíricos, não devendo, portanto, ser objeto de maiores considerações específicas do assunto como objeto da reflexão sobre a linguagem. Cumpre, porém, insistir em que a indicação firme de um estatuto teórico para a fábula não implica visão estereotipada do gênero, de maneira a limitar a força criadora dos que nele se exerceram no passado e no presente e continuarão a fazê-lo no futuro. Do mesmo modo que não é por ser uma língua apanágio de todos que a têm como língua materna que a virtude criadora de cada falante dela irá sentir-se diminuída.

Nem há de ser outra a razão pela qual os trabalhos que constituem a presente coletânea, fruto que são do esforço acadêmico de pesquisadores universitários de comprovada competência, representam também o melhor daquela formação filológica, em virtude da qual cada texto foi selecionado. E o foi obedecendo a critérios também de representatividade na obra do autor, para só depois ser devidamente traduzido. É a melhor garantia, deve-se convir, de que o leitor dessas traduções não estará diante de um mero exercício de escola: uma amadurecida reflexão linguística e poética sobre problemas de linguagem confere-lhes a vida que têm no original e que só uma visão contrastiva enseja. Cabe ainda salientar que, pelo fato de o presente volume sobre a fábula se limitar a autores que se situam entre a Antiguidade clássica e La Fontaine, presume-se, dadas a importância e a fecundidade da matéria, ser este o primeiro volume de uma série bastante promissora.

Alceu Dias Lima

Apresentação da primeira edição

A preparação de uma antologia de textos que constituem a tradição da fábula no Ocidente foi motivada por uma disciplina optativa que ministramos Ude Baldan e eu, em 1987, aos alunos do curso de Letras. Intitulado "A fábula: de Esopo a Millôr Fernandes", o curso pretendeu recuperar, nos textos dos dois fabulistas brasileiros, as estruturas discursivas, temáticas e figurativas fornecidas por uma longa e rica tradição, que remonta à cultura greco-romana. Em vista da dificuldade que representa encontrar, em língua portuguesa, traduções de fábulas gregas, latinas, sânscritas e até mesmo de La Fontaine, pois muitos dos textos que circulam como "fábulas de Esopo", "fábulas de La Fontaine" etc. são, na verdade, paráfrases muito livres adaptadas para o público infantil, pensou-se em constituir um grupo de trabalho para preparar um material minimamente adequado aos interesses de um curso universitário. Assim, uma vez selecionados os textos, contou-se com a colaboração de José Dejalma Dezotti, professor de Língua e Literatura Latina, e de Maria Letícia Guedes Alcoforado, professora de Língua e Literatura Francesa, ambos da Faculdade de Ciências e Letras da Unesp, campus de Araraquara, que se dispuseram a traduzir Fedro e La Fontaine, respectivamente. O acesso às fábulas indianas nos foi facilitado por Maria Valíria Aderson de Mello Vargas, professora de Língua e Literatura Sânscrita da USP.

Uma primeira versão desse trabalho foi publicada em 1991 como boletim na coleção "Textos", editada pela Faculdade de Ciências e Letras da Unesp de Araraquara. Desde então, esse material veio sendo ampliado e revisto, e o que hoje se apresenta ao público é o resultado de mais de uma década de trabalho com esse tema fascinante e inesgotável, graças à quantidade de fábulas e fabulistas que povoam nossa história literária, muitos deles ainda inacessíveis ao nosso público leitor.

O critério principal para a seleção dos duzentos textos que compõem esta antologia foram as fábulas de Monteiro Lobato e as de Millôr Fernandes. Tomando-os como ponto de chegada da história do gênero *fábula* em nossa literatura, procurou-se localizar, nas coleções dos antigos, os textos com os quais nossas fábulas dialogam, seja em forma de paráfrase, como as de Lobato, seja em forma de paródia, como as de Millôr. A seleção que fizemos privilegiou os textos de Esopo, os mais antigos de todos, e considerados aqui como fundadores de uma tipologia textual da fábula no Ocidente. Quanto aos demais fabulistas antigos – Bábrio, Fedro e fabulistas indianos –, apresenta-se de cada um deles um número suficiente de textos que permite a reconstituição de um percurso histórico que a fábula ocidental ainda trilha graças ao trabalho de La Fontaine, que explorou em suas criações as duas vertentes da fábula, a greco-latina e a sânscrita, justificando-se, assim, que ele seja, depois de Esopo, o fabulista com a maior quantidade de textos nesta antologia.

Compõe este volume um capítulo inicial intitulado *A fábula*, em que se tecem considerações sobre sua formação e as características desse gênero, procurando identificá-lo em nossa cultura seja como forma literária, seja como prática discursiva cotidiana. A seguir, apresentam-se os fabulistas e suas fábulas, todas traduzidas de seus respectivos textos originais. Os apêndices trazem (i) notas explicativas importantes para o entendimento dos textos; (ii) o índice das fábulas traduzidas, com a necessária indicação para os leitores que se interessarem em localizá-las no original; (iii) um quadro em que se indicam as fontes clássicas de Lobato e Millôr, útil para os professores que queiram trabalhar com a intertextualidade entre nossas fábulas e sua tradição; e (iv) uma bibliografia comentada, como sugestão de leitura aos que desejarem mais informações sobre a fábula.

Ao professor Alceu Dias Lima, pioneiro entre nós com seus estudos sobre a fábula, devemos o constante incentivo ao nosso trabalho e o prefácio a esta coletânea, repleto de fecundas reflexões sobre a fábula que, em seu modo de ver, mais do que um gênero literário, constitui uma *forma* discursiva definitivamente incorporada em nossa competência de falantes.

Agradecemos ao CNPq as bolsas de iniciação científica concedidas a Lúcia Helena Perez e Eliane Quinelato, que estudaram a fábula grega sob minha orientação, e a Maria da Graça Tesheiner que, juntamente com Marianne Flemming, participou do projeto de tradução das fábulas sânscritas, sob a orientação de Maria Valíria A. de M. Vargas.

Esperamos que este material seja útil, em qualquer instância pedagógica ou mesmo fora dela, para o estudo de um gênero literário alicerçado no mais popular dos expedientes poéticos de construção discursiva – a fala por meio de narrativas –, que autores como Lobato, Millôr, Claudius, Monterroso e Bierce teimam em revigorar.

Maria Celeste Consolin Dezotti, 2003

Apresentação da segunda edição

Esta nova edição de *A tradição da fábula* chega mais encorpada, com a inserção das fábulas de Aviano, poeta latino do final da Antiguidade. Desse modo, obtém-se um equilíbrio interessante no rastreamento da tradição greco-latina da fábula: dois gregos (Esopo e Bábrio) e dois latinos (Fedro e Aviano). Aviano teve grande importância na transmissão das fábulas antigas, sobretudo no tocante às de Bábrio, que ele confessadamente parafraseou. O principal manuscrito contendo um pouco mais de uma centena de fábulas originais de Bábrio só foi publicado em meados do século XIX e, até então, esse fabulista era conhecido através das inúmeras paráfrases de seus textos, feitas em versos ou em prosa.

Além da inserção de uma dúzia de fábulas de Aviano, deu-se ênfase aos prólogos dos fabulistas antigos: incluiu-se a tradução integral do prólogo do Livro 2 de Fedro e do Livro 2 de Bábrio; Aviano também vem acompanhado de seu prólogo. Todos esses prólogos são metaliterários, pois contêm reflexões clássicas sobre o gênero fábula e sobre o débito de todos esses poetas para com a tradição esópica.

Ressalte-se ainda que, na última década, os estudos sobre a fábula tiveram um progresso significativo no Brasil. Vieram a público novas traduções de Esopo, Fedro, Aviano e das fábulas indianas. As fábulas de Lobato e Millôr também motivaram pesquisas interessantes. Tudo isso nos levou a enriquecer, com novas indicações, o apêndice da bibliografia comentada.

Nossa expectativa é que esta edição, agora disponibilizada como *e-book* e com acesso franqueado a todos os leitores, possa auxiliar os docentes a levar para a sala de aula um pouco da história desse gênero literário cuja origem popular o torna cada vez mais resistente.

Maria Celeste Consolin Dezotti, 2018.

A fábula

A partir do século XIX, quando o Ocidente descobriu a cultura indiana, muitos estudos foram feitos para tentar descobrir a pátria da fábula. As opiniões se dividiam entre a Grécia e a Índia. No começo do século XX, porém, a decifração da escrita cuneiforme possibilitou o conhecimento de textos sumerianos datados, no mínimo, do século XVIII a.C., que veiculavam narrativas com personagens animais antropomorfizadas muito parecidas com as das fábulas gregas e indianas. Esse fato levou a uma nova conclusão: a fábula grega nem era autóctone nem originária da Índia, e essas duas vertentes derivariam de uma mesma fonte comum não ariana. Contudo, se deixarmos de lado a tradição greco-latina e mesmo a tradição indiana, somos levados a crer que a fábula é um modo universal de construção discursiva. Um exame, por exemplo, das histórias narradas pelos índios tukanos revela que muitas delas se assemelham a fábulas. É o caso de "O corocoró e as minhocas", recolhida por Eduardo Lagório na coletânea *100 Kixti (estórias) Tukano*, publicada pela Funai (Brasília, 1983, p.43):

Um dia, o corocoró disse para as minhocas:

"Venham cá que eu tenho uma estória para contar a vocês".

Muito animadas, as minhocas disseram "ótimo, que bom", e foram saindo do buraco. Só foi o tempo de saírem: o corocoró devorou-as todas.

As pobrezinhas confiaram num estranho e foram enganadas.

É claro que, entre as fábulas de um povo e outro, sempre haverá diferenças quanto ao modo de organizar o texto ou quanto aos temas e figuras selecionados. Mas essas diferenças são determinadas por fatores culturais. O modo de funcionamento delas, contudo, permite que sejam vistas como representantes de uma mesma prática discursiva.

Assim, para abrigar a diversidade de textos que a cultura ocidental rotula como fábula, propomos uma definição que a contempla em sua essência: *fábula é um ato de fala que se realiza por meio de uma narrativa ficcional.* Logo, ela constitui um modo poético de construção discursiva, em que o narrar se torna o meio de expressão do dizer. Na fábula, o narrar está a serviço dos mais variados atos de fala: mostrar, censurar, recomendar, aconselhar, exortar etc. Essa característica formal, muito simples, aliás, pode ser uma explicação para a popularidade e a resistência desse gênero através dos tempos. É que a maleabilidade de sua forma lhe permite incorporar novos repertórios de narrativas e ajustar-se à expressão de visões de mundo de diferentes épocas.

Dizer uma narrativa é um ato linguístico para o qual todo falante tem competência. Para usar uma narrativa como fábula basta que ele a configure como um discurso alegórico, ancorando o "outro" significado ao seu contexto de enunciação. Essa vinculação obriga o ouvinte a não só compreender a narrativa, mas também a interpretá-la, buscando pontos de contatos significativos entre ela e a situação discursiva que motivou sua enunciação. Esse trabalho de interpretação pode ser realizado pelo próprio enunciador da fábula, quando ele mesmo fornece uma *moral* para a narrativa. Mas também faz parte das possibilidades lúdicas do gênero deixar a narrativa sem moral, para que o ouvinte se veja obrigado a desvendá-la, a partir de indícios textuais ou situacionais. Interpretar uma fábula é, pois, como interpretar um enigma. Aliás, não é por acaso que os antigos gregos, muito antes de rotularem a fábula de *mythos*, denominaram-na *ainos*, um cognato de *ainigma*, do qual nossa palavra "enigma" é quase transliteração; posteriormente, mesmo a fábula esópica chegou a ser nomeada de *Aisopeion ainigma*, o que deixa entrever sua condição alegórica, cujo sentido se apreende a partir de um esforço interpretativo.

Quando se analisam as fábulas esópicas, levando-se em conta sua instância de enunciação, observa-se que ela é um *discurso*, um *ato de fala*, que se realiza, conforme nos ensina Alceu Dias Lima (1984), pela articulação de três discursos: um discurso narrativo, um interpretativo ou moral, e um metalinguístico. Vejamos, a título de ilustração, como esses componentes podem ser identificados na versão esópica da fábula "O lobo e o cordeiro":

> Um lobo viu um cordeiro bebendo água de um rio e desejou devorá-lo por um motivo qualquer bem pensado. Por isso, tendo se postado mais acima, pôs-se a acusá-lo de turvar a água e de impedi-lo de beber. Então o cordeiro disse que bebia na ponta dos lábios e que, além do mais, não podia ser que ele, que estava mais abaixo, estivesse turvando a água do lado de cima. Vencido

nessa acusação, o lobo disse: "Mas no ano passado você injuriou meu pai!". E como o outro dissesse que naquela época nem era nascido, o lobo lhe disse: "Mesmo que você se saia bem na defesa, eu não vou deixar de te comer!".

A fábula mostra que, junto daqueles cujo propósito é praticar a injustiça, nem uma justa defesa prevalece.

Esse texto apresenta a estrutura típica da fábula esópica: ele se organiza em dois parágrafos, trazendo no primeiro a narrativa e, no segundo, o *epimítio*, assim chamado pelos antigos retores porque vem depois da narrativa (*mythos*). O texto do epimítio, por sua vez, se constitui de duas porções facilmente delimitáveis: uma porção que apresenta uma interpretação da narrativa ("junto daqueles cujo propósito é praticar a injustiça, nem uma justa defesa prevalece"), e uma outra porção que informa a ação que o enunciador da fábula está realizando ("a fábula mostra"). Ao texto interpretativo chamamos *moral*; ao texto que informa o ato de fala que está sendo realizado chamamos *metalinguístico*.

Decodificando-se o texto metalinguístico ("a fábula mostra"), descobre-se a verdadeira estrutura enunciativa da fábula. Na estrutura de superfície, a palavra *fábula* aparece como sujeito do ato de *mostrar* que o verbo lhe predica. Ora, Émile Benveniste, no segundo volume do *Vocabulário das instituições indo-europeias* (Campinas: Editora da Unicamp, 1995, p.139), chama a atenção para o fato de que *fábula* deriva do radical indo-europeu *fas*, que significa "fala". Portanto, a palavra *fábula* contém em seu étimo sua condição de enunciado, e, consequentemente, traz pressuposta a existência de um locutor que o enuncia. Vemos, pois, que a estrutura sintática do enunciado metalinguístico camufla sua estrutura semântica: quem de fato mostra é o locutor, que se serve de uma narrativa como instrumento de demonstração. Por implicação, recupera-se também o alocutário, pois toda enunciação visa a um destinatário. Assim, o locutor usa como expediente retórico o esconder-se atrás de seu próprio enunciado, sem, contudo, apagar todas as marcas de sua enunciação.

Em fábulas cujo propósito é atribuir a tarefa de interpretação ao ouvinte, o epimítio pode estar ausente, como na fábula "O mosquito e o leão", ou então apresentar apenas o texto metalinguístico, como se vê, por exemplo, na fábula "O corvo e a raposa", que após contar o caso do corvo logrado pela raposa, traz o seguinte epimítio: "Para um homem imbecil, a fábula é oportuna". Esse modelo orienta o leitor a respeito do tipo de pessoa que merece ouvir a fábula.

Nas fábulas da Antiguidade, o texto metalinguístico se constitui, em geral, de construções formulares, de fácil memorização. Assim, nas fábulas atribuídas a Esopo, observamos que muitas vezes o fabulista considerava suficiente apresentar apenas uma parte da fórmula, certo de que seu interlocutor era competente para preencher as lacunas deixadas. Por exemplo: a fórmula "a fábula mostra", que se completa com uma oração subordinada substantiva, introduzida por uma conjunção integrante – no grego a conjunção *hoti*, que na tradução corresponde à nossa conjunção *que* –, aparece, com frequência, elíptica, em epimítios que se iniciam diretamente pela conjunção. Exemplo disso é o epimítio da fábula "O Sol e as rãs", que se apresenta assim: "*Que* muitas pessoas que têm espírito leviano acham graça no que não tem graça". Vemos aí que o epimítio expõe a moral da fábula, mas deixa indicada a conjunção como forma de obrigar o leitor a retomar a oração principal, preenchendo, assim, o esquema da fórmula. Em nossas traduções, optamos por preencher esses esquemas formulares colocando entre colchetes a porção elíptica no original. Considerando-se que havia sempre mais de uma alternativa para completar a fórmula, deu-se preferência aos elementos que compunham as fórmulas básicas mais usadas nas fábulas anônimas.

As várias possibilidades de estruturação discursiva da fábula grega acham-se documentadas nos mais antigos textos dessa cultura, em que a prática da fábula constituía um expediente discursivo bastante popular. Presente nas falas de heróis, reis e pessoas do povo, elas constituem exemplos de fábulas aplicadas a uma situação particular. As diferentes personagens comunicam mensagens por meio de narrativas que são interpretadas de acordo com orientações apontadas na própria instância de enunciação ou expressas em textos metalinguísticos que tanto podem preceder a narrativa, em forma de *promítio*, como segui-la, em forma de *epimítio*.

Vejamos em Heródoto um testemunho interessante para o estudo da prática da fábula. Ele nos conta que os jônios e os eólios, então súditos de Creso, rei da Lídia, receberam de Ciro, rei da Pérsia, a proposta de se rebelar contra o domínio lídio e se submeterem aos persas. Inicialmente os gregos se recusaram a fazê-lo, mas reconsideraram a ideia assim que Ciro subjugou o império lídio. Então mandaram embaixadores a Sardes oferecendo-se para ser súditos da Pérsia nas mesmas condições em que viviam quando estavam sujeitos a Creso. Segundo Heródoto, a resposta que Ciro lhes enviou foi a seguinte narrativa:

> Um flautista avistou peixes no mar e pôs-se a tocar sua flauta, crente de que assim os atrairia para a terra. Frustrado em sua esperança, apanhou uma rede, pescou uma grande quantidade de

> peixes e puxou-os para fora. E quando viu que eles davam saltos, disse-lhes: "Parem com essa dança, pois vocês não quiseram sair para dançar quando eu tocava a flauta". (*Histórias* I, 141)

E os jônios, que interpretaram corretamente a mensagem da narrativa de Ciro, trataram de fortificar suas cidades com muralhas, pois lhes fora negada a possibilidade de submissão pacífica.

Esse é um exemplo de fábula encaixada cuja ação comunicativa não está expressa em um enunciado, mas vem indicada na própria situação discursiva. Heródoto recompõe o contexto em que Ciro praticou a fábula. Há aí um locutor (Ciro), alocutários (jônios e eólios), um discurso anterior (a proposta dos gregos) e um discurso subsequente (a interpretação que os gregos fizeram da narrativa). Considerando-se que o discurso que precede a narrativa é uma proposta, a narrativa de Ciro é recebida como resposta àquela proposta. Ciro, portanto, leva em conta a expectativa de resposta, por parte de seus interlocutores, e lhes responde por meio de um relato, um *logos*, como diz Heródoto. Uma vez estabelecido pela própria situação discursiva que a narrativa era a resposta, Ciro delega aos seus interlocutores a tarefa de interpretá-la. Coube a eles, portanto, extrair a interpretação e compor o epimítio que faltava para completar o esquema discursivo da fábula. A título de comparação, sugerimos a leitura, nesta antologia, da versão esópica dessa mesma fábula, intitulada "O pescador que tocava flauta"; vale notar que Esopo constrói no epimítio o contexto de sua fábula, indicando o tipo de pessoa que merece ouvi-la.

Ao contrário do texto de Heródoto, escrito em prosa, a maioria dos textos gregos arcaicos que registram a prática da fábula é escrita em versos. Isso poderia levar-nos a pensar que a fábula teria sido, em seus primórdios, um gênero formalizado em esquemas métricos. O que acontece é exatamente o contrário. A fábula é, por natureza, um gênero prosaico, originário da fala cotidiana. Se naquelas obras as fábulas são construídas em versos, é porque se submetem às características formais do gênero literário que as acolhe, como é o caso da poesia didática, da tragédia e da comédia etc. Aliás, é interessante notar que a constituição da fábula em gênero autônomo começa a ocorrer exatamente com o advento, entre os gregos, da prosa como expressão literária, durante o século VI a.C. Esse processo de fixação da fábula como gênero literário tem sido associado à presença de Esopo na Grécia e ajuda a explicar a fama desse estrangeiro como o *heuretés*, o inventor, da fábula. Tal fama, ao que parece, teria mais a ver com a história do gênero do que propriamente com sua invenção. Segundo Morten Nojgaard, no volume I de *La Fable Antique* (1964, p.456), Esopo, um contador de fábulas oriental, teria contribuído para o enriquecimento do repertório da fábula grega ao divulgar em território grego fábulas recolhidas nas regiões da Ásia Menor, talvez na Trácia ou na Frígia, considerada sua possível terra natal.

A leitura das fábulas gregas mostra que já naquele tempo a fábula nunca se limitou a trabalhar apenas com "histórias de animais que falam", como costumam dizer certos manuais. Na coletânea de fábulas esópicas, qualquer ser podia tornar-se personagem: ao lado dos animais, encontramos deuses, heróis, homens, plantas, objetos, diferentes partes de um mesmo corpo e até entidades abstratas.

Acrescente-se, ainda, que os tipos de narrativas eram muito variados, conforme esclarece Morten Nojgaard (*La Fable Antique*, 1964, p.48-103). Além das famosas "histórias de animais", a fábula se servia de *anedotas*, narrativas em que tomam parte apenas personagens humanas (cf. " O orador Demades", "O homem de meia-idade e as amantes"); de *etiologias*, narrativas que visam explicar a origem de algum aspecto do mundo natural (cf. "Zeus e a tartaruga"); de *narrativas zoológicas*, que exploram algum comportamento peculiar de uma dada espécie animal (cf. "O castor"); do *conto maravilhoso*, cujas personagens são desafiadas a vencer algumas provas (cf. "O lenhador e Hermes"); do *provérbio apológico*, narrativas tão concisas que se resumem em máximas (cf. "A leoa e a raposa"); e do *mito*, de cujas narrativas participam os deuses.

Nos séculos seguintes, a fábula alcançou imensa popularidade entre os gregos, especialmente no século V a.C., quando falar por meio de fábulas se torna um modismo, documentado por Aristófanes na personagem Filocleão, um velho bêbado que protagoniza a comédia *As vespas*. Mas o mais precioso testemunho desse apreço dos gregos pela fábula está registrado em "O orador Demades", fazendo que a própria fábula mostrasse o fascínio que exercia sobre os atenienses, que tendiam a prestar atenção aos discursos dos oradores apenas quando narravam fábulas, mas desinteressando-se deles quando discorriam sobre algum tema sério relacionado à administração da cidade.

Esse fascínio dos gregos pela fábula foi logo administrado pela Retórica, que incluiu o gênero entre as possibilidades de construção de provas persuasivas. Aristóteles (*Retórica*, 1393b) menciona a fábula como um *paradeigma*, ou seja, um exemplo que o orador pode facilmente inventar. "Basta reparar nas analogias", diz ele.

Os retores gregos deram atenção à fábula. Por verem nela um bom recurso para exercitar a competência argumentativa dos futuros oradores, recomendavam seu uso nas escolas para que o aluno explorasse todas as suas possibilidades significativas. Um desses retores, Téon de Alexandria (século I), formulou a primeira definição de fábula que conhecemos: "fábula (*mythos*) é uma fala (*logos*) ficcional que retrata uma verdade". Por essa definição, vê-se que *mythos* é o nome que os gregos davam à fábula como gênero literário, e nota-se também que eles tinham consciência de que ela era, antes de tudo, fala, discurso, já que, na definição, *logos* é usado como hiperônimo de *mythos*. Ou seja, fábula é um *logos* que se realiza por meio de um *mythos*.

Sabe-se que por volta de 300 a.C., Demétrio de Falero, discípulo de Aristóteles, organizou uma *Coletânea de relatos esópicos*, a primeira coleção de fábulas mencionada pelos antigos, hoje, infelizmente, perdida para nós. Acredita-se que ele tenha coligido todas as fábulas produzidas por seus predecessores, dando a elas uma redação em prosa. Francisco Rodrigues Adrados, no volume 2 de sua *História de la fabula greco-latina* (1985, p.11), observa que essa coletânea é considerada o ponto de partida de inúmeras outras que foram sofrendo ampliações e ramificações. Dela teriam surgido todas as coleções de fábulas da tradição greco-latina, tanto as anônimas helenísticas ou as bizantinas, como as fábulas de Bábrio (século I), de Aftônio (século V), e ainda as coleções latinas de Fedro (século I) e de Aviano (séculos IV-V). Através de sucessivas paráfrases, elas se propagaram durante a Idade Média, época em que receberam, por intermédio dos árabes, uma nova fonte de temas e figuras oriunda das fábulas indianas. Compõe-se, nesse momento, um vasto repertório de textos que o Ocidente nunca mais deixou de reelaborar.

Maria Celeste Consolin Dezotti

Esopo

Maria Celeste Consolin Dezotti

O conjunto de textos que a tradição nos legou sob o rótulo de "fábulas de Esopo" constitui-se, na verdade, de textos anônimos. Não se sabe se as fábulas atribuídas a Esopo são mesmo de sua autoria, nem ao menos se ele as teria escrito ou então coligido.

Os antigos falam de Esopo como *logopoiós*, isto é, um compositor ou contador de histórias em prosa, e sempre o consideraram o pai da fábula. De sua vida só nos chegaram informações incertas e vagas, muitas delas de natureza lendária. Devido à escassez de documentos autênticos, chegou-se mesmo a pensar que Esopo nunca teria existido e que não passaria de um nome fictício, inventado pelos gregos para dar conta das origens de uma obra anônima, popular, produto de uma época ou mesmo de várias.

Heródoto (século V a.C.) é o primeiro a falar de Esopo como figura histórica. Aliás, ele cita a existência de Esopo como fato indiscutível, que ele usa para fixar a cronologia de outra figura famosa da Antiguidade, a cortesã Rodópis, apresentada como contemporânea de Esopo e sua companheira de escravidão. O documento de Heródoto (2, 134-135) é importante: primeiro, porque o historiador também viveu em Samos, para onde se acredita que Esopo tenha sido levado como escravo; e também porque ele seria quase contemporâneo do fabulista, que teria vivido em meados do século VI a.C.

As referências à pátria de Esopo são muito contraditórias: fala-se da Trácia, da Lídia e da Frígia, sendo esta última a mais citada pelos testemunhos antigos. Heródoto mesmo silencia sobre esse aspecto. O importante disso tudo é fixar que sua origem não é grega, mas oriental, de alguma região da Ásia Menor.

Os relatos dizem que Esopo viveu em Samos como escravo de Iádmon, conforme diz Heródoto, ou de Xanto, segundo outras fontes, e que nessa mesma cidade ele teria sido liberto. A condição de Esopo como homem livre e cidadão de Samos é necessária para entender-se a menção que Aristóteles faz a ele na *Retórica* (II, 20) como orador em uma assembleia dos samianos, a defender como homem livre outro homem também livre que estava sendo acusado de crime contra a cidade. Nessa ocasião, Esopo teria contado ao povo de Samos a fábula da raposa e os carrapatos, que apresentamos a seguir:

> Ao cruzar um rio, uma raposa foi arrastada para um fosso. Impossibilitada de sair de lá, ficou durante muito tempo em apuro, com numerosos carrapatos agarrados a ela. Então um ouriço que zanzava por ali avistou-a e, condoído, perguntou se podia livrá-la dos carrapatos, mas ela não consentiu. Como, então, ele interrogasse dela o porquê, ela disse: "Estes já estão saciados e sugam-me pouco sangue, mas se você os retirar, virão outros, famintos, e vão beber o resto do meu sangue". Pois bem. Também a vocês,

homens de Samos, esse demagogo não mais vai prejudicar (pois está rico), mas se o matarem, virão outros, pobres, que vão lhes roubar e dilapidar o restante dos bens.

Heródoto menciona Esopo como "o compositor de fábulas" (*ho logopoiós*), evidenciando que ele já era famoso entre os gregos, e relata que ele teria sido morto em Delfos, vítima de uma acusação improcedente, pela qual os delfianos tiveram de pagar indenização à família do morto.

Heráclides do Ponto, do século IV a.C., conta que o fabulista teria sido morto pelos delfianos por ter sido culpado do desaparecimento de um vaso de ouro do templo de Apolo, encontrado em sua bagagem. Como castigo, imputaram a Esopo a pena destinada a todos os sacrílegos: lançaram-no do alto de um rochedo das redondezas.

Plutarco (século I d.C.) diz que o assassinato de Esopo teria indignado o deus Apolo que, envergonhado com o comportamento dos delfianos, manifestou sua desaprovação tornando a terra estéril e cumulando de doenças a população. Para se livrarem de tantas calamidades, os delfianos trataram de fazer anunciar por toda a Grécia que estavam dispostos a pagar o "preço do sangue" de Esopo a quem viesse responder por ele. Mas, apesar do empenho, tiveram de esperar muito tempo para poderem expiar aquela culpa, que desgraçava a cidade.

Esses dados, ainda que evidentemente suspeitos, permitem avaliar o prestígio de Esopo entre os gregos. A língua grega acaba registrando a indignação geral que sua morte despertara, na expressão proverbial "sangue de Esopo", usada sempre que se queria fazer referência a condenações injustas, como a sofrida por Esopo, ou a crimes de difícil expiação, como o dos delfianos. Importa notar que no período clássico da Grécia (séculos V-IV a.C.) a popularidade de Esopo já era inegável, sendo seu nome e suas fábulas mencionadas com frequência por escritores como Platão e Aristófanes.

Dados sobre sua biografia lendária se popularizaram no Ocidente graças a um romance anônimo do final da Antiguidade, conhecido como *Vida de Esopo*. Parte da tradução de duas versões desse romance já está disponível em tradução portuguesa realizada por Adriane Duarte da Silva e Pedro Ipiranga Júnior, no artigo "As recensões G e W da *Vida de Esopo*", publicado na revista *Classica* (27/2, 2014, p.293-316). Ambas se abrem com uma descrição física de Esopo, de modo a compor uma figura surpreendente, em que um corpo disforme e feio abriga uma inteligência arguta, como se pode ver no primeiro parágrafo da recensão W:

> Esopo, o compositor de fábulas, que se revelou de máxima utilidade por todo o seu gênero de vida, foi escravo, por questão de fortuna, e frígio, por sua origem, da cidade de Amório na Frígia. Era de aspecto medonho: testudo, entroncado no pescoço, de nariz acachapado, preto e beiçudo, pançudo e de bracinhos cotós, vesgo, corcunda – um erro do dia! Além disso, tinha a fala travada, emitia um som de voz rouco, todo desmazelado e terrível em trapaça. (Trad. P. Ipiranga Junior, 2014, p.294)

Segue-se então uma sequência de relatos que mostra a ascensão social de Esopo, um reles escravo que, excluído inicialmente do convívio social, vai mudando de dono até ser adquirido, em Samos, pelo filósofo Xanto e depois, graças a relevantes serviços prestados à comunidade, obtém a liberdade.

Uma vez liberto, passa a conviver com reis da Lídia, da Babilônia e do Egito, que se tornam admiradores de sua sabedoria, e, por fim, sai em viagem pela Grécia, indo parar em Delfos, onde encontra a morte.

A versão mais popular dessa fantástica biografia de Esopo é a atribuída a Máximo Planudes, monge bizantino do século XIV, a qual foi recriada por La Fontaine sob o título de *Vie d'Ésope le Frygien* e apresentada como introdução às suas *Fables*. Na literatura de língua portuguesa, essa matéria biográfica está na composição de duas peças teatrais: *Esopaida* (1734), de José Antonio da Silva, o Judeu, e *A raposa e as uvas* (1964), de Guilherme Figueiredo.

As fábulas de Esopo apresentadas nesta antologia seguem o texto grego da Editio Minor de Émile Chambry (Ésope, *Fables*. Paris: Les Belles Lettres, 1927).

Fábulas

O abeto e o cardo

Competiam entre si um abeto e um cardo. O abeto, vangloriando-se, dizia: "Sou belo, alto, de bom porte, e sou útil para tetos de templos e para navios. Como é que você ousa medir-se comigo?". Então o cardo disse: "Se você se lembrar dos machados e das serras que te abatem, também vai preferir ser um cardo".

[A fábula mostra] Que na vida as pessoas não devem deixar-se tomar pelo orgulho, pois a vida dos simples é que é livre de riscos.

A águia e a raposa

Uma águia e uma raposa tornaram-se amigas e resolveram ser vizinhas, fazendo do convívio um reforço da amizade. E, assim, uma subiu bem no alto de uma árvore e fez seu ninho, enquanto a outra entrou em uma moita, ao pé da árvore, e deu cria. Certo dia a raposa saiu para caçar e a águia, que precisava de alimento, desceu voando à moita, apanhou as crias da raposa e devorou-as em companhia de seus filhotes. Quando a raposa retornou e soube do caso, doeu-se não tanto pela morte dos filhotes como pela ideia de vingança, pois ela, um animal quadrúpede, era incapaz de perseguir um alado. Por isso ficou de longe a amaldiçoar o inimigo, que é a única coisa que resta aos impotentes e fracos. Acontece, porém, que não demorou para que a águia prestasse contas de seu crime contra a amizade. Estando algumas pessoas no campo a oferecer uma cabra em sacrifício, ela desceu voando e carregou do altar uma víscera em brasa e levou-a para o ninho. Nisso bateu um vento forte e, de um cisco fino e seco, acendeu uma chama brilhante. Com isso os filhotes, que ainda não sabiam voar, caíram queimados ao chão. Então a raposa correu e, à vista da águia, devorou todos eles.

A fábula mostra que os que traem uma amizade, mesmo que escapem de ser punidos porque suas vítimas são frágeis, jamais se subtraem ao castigo divino.

O asno e o hortelão

Um asno que prestava serviços a um hortelão comia pouco e estafava-se demais. Por isso, pediu a Zeus que o livrasse do hortelão, fazendo que fosse vendido a outro dono. E Zeus o atendeu, dispondo que ele fosse vendido a um poteiro. Mas ele tornou a ficar descontente, pois carregava mais peso do que antes, transportando tanto a argila quanto as vasilhas. Então pediu de novo a troca de dono e foi vendido a um curtidor, indo, pois, parar na casa de um dono pior do que os anteriores. Ao ver os afazeres à sua volta disse, entre gemidos: "Ai de mim, desgraçado, era melhor ter ficado com os donos anteriores, pois estou vendo que esse aqui vai faturar até minha pele!".

A fábula mostra que os empregados sentem saudade dos donos anteriores, sobretudo quando experimentam os novos.

O asno que carregava sal

Um asno que carregava sal estava atravessando um rio quando escorregou e caiu na água. E como o sal se dissolvera, ele se levantou e saiu mais leve. Exultante com isso, tempos depois, estando a carregar um frete de esponjas, chegou à beira de um rio e supôs que, se caísse de novo, sairia mais ágil. Então escorregou de propósito. Aconteceu, porém, que as esponjas absorveram a água e ele, não conseguindo pôr-se de pé, afogou-se ali mesmo.

Assim, também certos homens não notam que se arrastam para desgraças, devido às suas próprias resoluções.

O asno que felicitava o cavalo

Um asno felicitava um cavalo que era tratado com fartura de alimento e cuidados, enquanto ele não tinha nem um pouco de palha, embora suportasse a maior parte das fadigas. Mas quando sobreveio a época de guerra, o general montou com suas armas no cavalo e foi tocando-o para toda parte e, por fim, levou-o para o meio da refrega. Aí o cavalo foi atingido e sucumbiu. Tendo visto isso, o asno mudou de opinião, passando a lastimar o cavalo.

A fábula mostra que não devemos invejar os comandantes nem os ricos, e sim estimar a pobreza, levando em conta a inveja e o perigo a que eles se submetem.

O asno que se julgava leão

Um asno coberto com uma pele de leão fazia que todo mundo pensasse que ele era um leão, pondo em fuga tanto homens como rebanhos. Mas, assim que soprou uma rajada de vento, a pele se despegou e o asno ficou nu. Todos então acorreram e o espancaram com paus e porretes.

[A fábula mostra] Que você, que é pobre e gente comum, não deve imitar as atitudes dos ricos, para não ser alvo de caçoadas nem correr riscos, pois o que é alheio é impróprio.

O asno com pele de leão e a raposa

Um asno vestiu uma pele de leão e pôs-se a andar pela redondeza assustando os animais irracionais. Nisso ele avista uma raposa e tenta amedrontá-la também. Então ela, que por acaso já tinha ouvido antes sua voz, disse ao asno: "Mas esteja certo de que também eu teria me assustado com você, se não tivesse ouvido seu zurro!".

Assim, certos ignorantes que, graças à pose exterior, parecem que são os tais, são desmascarados pela própria tagarelice.

O astrônomo

Um astrônomo tinha por hábito sair de casa todas as noites para observar os astros. Estava ele certa vez a perambular pela periferia, com toda a atenção voltada para o céu, quando se descuidou e caiu em um poço. Ele, então, ficou se lamentando e gritando. Nisso uma pessoa que passava por ali ouviu seus gemidos, aproximou-se e, ao saber do acontecido, falou: "Meu caro, você se preocupa em contemplar o que há no céu e não enxerga o que há na terra?".

Dessa fábula pode servir-se qualquer pessoa em relação àqueles homens que se vangloriam do extraordinário, mas não conseguem dar conta de coisas banais.

O avarento

Um avarento vendeu todos os bens e converteu-os em uma barra de ouro. Em seguida enterrou-a em certo local, enterrando também ali seu coração e seu juízo. E todo dia ia lá para contemplá-la. Mas um de seus empregados o espreitou e, compreendendo o que se passava, desenterrou a barra e tirou-a de lá. Logo depois o velho também foi ao lugar e, ao encontrá-lo vazio, começou a chorar e a arrancar os cabelos. Então uma pessoa que o viu tão aflito interrogou-o e, quando soube do motivo, falou: "Não se desespere assim, meu caro! Você, mesmo quando tinha o ouro, não tinha nada! Portanto, pegue uma pedra, coloque-a no lugar do ouro e faça de conta que ela é seu ouro! Ela terá para você a mesma serventia. Pelo que vejo, nem quando o ouro existia você tirava proveito de sua riqueza!".

A fábula mostra que de nada vale a riqueza se a utilidade não a acompanha.

O bambu e a oliveira

Um bambu e uma oliveira disputavam para ver quem ganhava em firmeza, resistência e serenidade. E o bambu, ao ser criticado pela oliveira por ser fraco e curvar-se facilmente a qualquer vento, calou-se e nada respondeu. Esperou um pouco e, quando soprou um vento forte, agitou-se, cedendo aos ventos, e salvou-se com facilidade. Já a oliveira, porque oferecia resistência aos ventos, quebrou-se com a violência deles.

A fábula mostra que os que não se opõem à circunstância e aos mais fortes estão melhores do que os que competem com os superiores.

Os bens e os males

Os bens, por serem fracos, foram perseguidos pelos males e subiram ao céu. Lá perguntaram a Zeus como deviam comportar-se com os homens. Ele então lhes disse que não se aproximassem todos ao mesmo tempo dos homens, mas um de cada vez. Assim, os males se aproximam dos homens constantemente, pois vivem por perto; já os bens o fazem mais espaçadamente, pois descem do céu.

[A fábula mostra] Que com os bens não é fácil deparar-se, mas pelos males cada pessoa é a cada passo atingida.

O boieiro e o leão

Um boieiro que pascia uma manada de touros perdeu um bezerro e, depois de percorrer os arredores sem tê-lo encontrado, prometeu a Zeus oferecer-lhe em sacrifício um cabrito, caso encontrasse o ladrão. Quando chegou, porém, a uma floresta, avistou um leão a devorar o bezerro. Tomado de pavor, ergueu as mãos para o céu e disse: "Zeus soberano, antes eu lhe havia prometido sacrificar um cabrito caso encontrasse o ladrão, mas agora prometo sacrificar-lhe um touro, se eu escapar das garras desse ladrão".

Esta fábula pode ser dita em relação a homens desventurados que, quando estão em situações complicadas, rezam para encontrar uma saída, mas, assim que a encontram, procuram evitá-la.

Os bois e o eixo

Enquanto os bois puxavam a carroça, o eixo ia rangendo. Então eles se voltaram e lhe disseram assim: "Ei, meu caro, nós carregamos todo o peso e você é que fica reclamando?".

Assim, também certos homens, enquanto outros fazem força, fingem que são eles próprios que estão se fatigando.

O cabrito e o lobo que tocava flauta

Um cabrito que ficou por último atrás do rebanho era perseguido por um lobo. Então ele se voltou para o lobo e disse: "Estou conformado, lobo, em ser seu alimento; mas, a fim de que eu morra com dignidade, toque flauta para eu dançar". E o lobo pôs-se a tocar flauta e o cabrito, a dançar. Nisso os cães o ouviram, vieram e puseram-se a perseguir o lobo. Então ele se voltou para o cabrito e disse: "Isso é bem feito para mim, pois eu, que sou carniceiro, não devia bancar o flautista".

Assim, os que praticam uma ação sem avaliar as circunstâncias perdem até o que têm em mãos.

O caçador covarde e o lenhador

Um caçador que procurava as pegadas de um leão perguntou a um lenhador se ele tinha visto pegadas de leão e se sabia onde ele estava alojado. "Vou já lhe mostrar também o próprio leão!", respondeu o lenhador. E o caçador, amarelo de medo e batendo os dentes, falou: "Estou procurando só as pegadas, e não o próprio leão!".

Os atrevidos e covardes a fábula censura, os destemidos nas palavras mas não nos atos.

A cadela que carregava carne

Uma cadela estava cruzando um rio, levando um pedaço de carne, quando viu na água sua própria sombra. Por imaginar que era outra cadela com um pedaço de carne maior, largou o seu e avançou com o intento de tomar o da outra. Aconteceu, porém, que ela ficou sem os dois, sem o pedaço que ela não alcançou, porque não existia, e sem o seu, que rodou rio abaixo.

Para homem ambicioso a fábula é oportuna.

Os caminheiros e o machado

Dois homens viajavam por uma mesma estrada. Nisso um deles encontra um machado e o outro diz: "*Nós* encontramos um machado!". Aquele, porém, o exortou a dizer "*você* encontrou" e não "*nós* encontramos". Pouco tempo depois, vieram ao encalço deles as pessoas que tinham perdido o machado. Então o homem que estava com ele nas mãos, ao ver-se perseguido, disse para o companheiro de viagem: "*Nós* estamos perdidos!". E o outro retrucou: "Não diga '*nós* estamos', mas '*eu* estou', pois quando você encontrou o machado, não quis dividi-lo comigo".

A fábula mostra que os que não compartilham das situações afortunadas, tampouco nas desgraças são amigos confiáveis.

O cão, o galo e a raposa

Um cão e um galo tornaram-se companheiros e seguiam um caminho. Quando veio o anoitecer, o galo foi dormir trepado em uma árvore e o cão, em um oco, ao pé da raiz da árvore. À noite o galo cantou, como de costume. Então uma raposa o ouviu, correu até lá e ficou parada embaixo pedindo que ele descesse, pois desejava abraçar um animal dotado de voz tão bela. Mas o galo respondeu que ela primeiro devia acordar o porteiro que estava dormindo ao pé da raiz para que ele lhe desse passagem para descer. Enquanto a raposa procurava chamá-lo, o cão saltou de repente sobre ela e dilacerou-a.

A fábula mostra que os homens sensatos se servem de falas ardilosas para jogar contra os mais fortes os inimigos que os atacam.

O carreiro e Héracles

Um carreiro ia para a aldeia, guiando sua carroça, quando ela despencou em uma ribanceira íngreme.

E ele, em vez de acudir, ficou parado, inerte,
orando a Héracles, seu deus preferido.
Então o deus lhe aparece e diz: "Ajeite as rodas,
esporeie os bois e reze aos deuses, sim,
mas faça alguma coisa você também;
do contrário, sua reza será em vão!".

Os carvalhos e Zeus

Os carvalhos recriminavam Zeus, dizendo: "De nada nos adianta viver. Mais do que todas as plantas, suportamos o abate violento". E Zeus: "Vocês mesmos é que acabaram arranjando para si uma desgraça como essa. Se não produzissem cabos para machados e não fossem úteis para marceneiros e lavradores, machado algum iria abatê-los".

Certas pessoas que são responsáveis pelos próprios males dirigem tolamente a censura à divindade.

O castor

O castor é um animal quadrúpede que vive em lagos. Diz-se que suas vergonhas são úteis para certos tratamentos. E assim, se uma pessoa o vê e o persegue, no desejo de decepá-las, ele, ciente do atrativo pelo qual está sendo perseguido, foge até uma certa distância, para preservar-se inteiro, tirando partido da velocidade de suas patas. Mas quando se vê encurralado, corta suas vergonhas e as joga fora, conseguindo, desse modo, salvar-se.

Assim, também dentre os homens, são sensatos aqueles que, ao sofrerem ameaças por causa de suas riquezas, fazem pouco delas para não pôr em perigo a própria vida.

O cavalo e o asno

Um homem tinha um cavalo e um asno. Iam os dois animais por um caminho quando, no trajeto, o asno disse ao cavalo: "Se você quer que eu continue vivo, pegue um pouco do meu fardo!". Mas o cavalo não atendeu. E o asno, esgotado, caiu morto. Então o dono colocou sobre o cavalo toda a carga e mais a pele do asno. Aí o cavalo pôs-se a gritar, em prantos: "Ai de mim, desgraçado, pobre infeliz, o que foi me acontecer? Por não querer carregar um pouco de peso, eis que estou levando toda a carga, até a pele do asno!".

A fábula mostra que, se os grandes forem companheiros dos pequenos, ambos viverão sãos e salvos.

O cavalo, o boi, o cão e o homem

Quando Zeus fez o homem, fê-lo com vida breve. Estando, então, iminente o inverno, o homem usou sua inteligência e fabricou para si uma casa, onde ficou morando. Quando o frio se tornou intensamente gélido e Zeus desencadeou a chuva, o cavalo não pôde resistir e veio correndo à casa do homem pedir--lhe abrigo. O homem disse então que só o abrigaria caso ele lhe desse em troca uma parte de seus anos. E o cavalo cedeu-a de bom grado. Não muito tempo depois veio também o boi, pois nem mesmo ele estava podendo resistir à tempestade. O homem lhe disse igualmente que não o acolheria a não ser que ele lhe entregasse um certo número de seus anos. Então ele deu uma parte e foi acolhido. Por último chegou o cão, morrendo de frio, e, após partilhar também uma parte de sua vida, conseguiu abrigo. Desse modo, aconteceu que os homens, quando estão no tempo concedido por Zeus, são puros e bons, mas quando vivem os anos do cavalo, são fanfarrões e empertigados; quando, porém, chegam aos anos do boi, tornam-se dominadores, e quando completam o tempo do cão, tornam-se irascíveis e resmungões.

Dessa fábula pode servir-se uma pessoa diante de um velho irascível e intratável.

A cigarra e as formigas

Era inverno e as formigas estavam arejando o trigo molhado, quando uma cigarra faminta pôs-se a pedir-lhes alimento. As formigas, então, lhe disseram: "Por que é que, no verão, você também não recolheu alimento?". E ela: "Mas eu não fiquei à toa! Ao contrário, eu cantava doces melodias!". Então elas lhe disseram, com um sorriso: "Mas se você flauteava no verão, dance no inverno!".

A fábula mostra que as pessoas não devem descuidar de nenhum afazer, para não se afligirem nem correrem riscos.

A cigarra e a raposa

Uma cigarra estava cantando no alto de uma árvore, quando uma raposa, desejando comê-la, planejou algo assim: ficou parada ali na frente, admirando sua bela voz, e convidou-a a descer, dizendo que queria ver de que tamanho era o animal que emitia um som tão forte. E a outra, suspeitando da cilada, arrancou uma folha e deixou-a cair. Como a raposa acorresse pensando que fosse a cigarra, esta lhe disse: "Mas você está enganada, minha cara, se acreditava que eu iria descer. Eu tomo cuidado com raposas desde o dia em que vi asas de cigarras nos excrementos de uma delas".

[A fábula mostra] Que as desgraças dos vizinhos tornam cautelosos os homens sensatos.

A corça estropiada

Uma corça estropiada de um olho foi parar em uma praia e ali ficou pastando, com o olho bom voltado para a terra, atenta ao ataque dos caçadores, e o estropiado voltado para o mar, pois da parte dele não imaginava ameaça alguma. Mas eis que certas pessoas que navegavam por ali avistaram-na e a alvejaram. E ela, expirando, disse para si: "Sou mesmo desgraçada! Eu me resguardava da terra por julgá-la traiçoeira, e busquei refúgio no mar, que se mostrou para mim muito mais pernicioso".

Assim, muitas vezes, ao contrário de nossa suposição, as situações que consideramos difíceis se revelam vantajosas, e as que julgamos salvadoras, perigosas.

A corça e a videira

Uma corça que fugia de caçadores se escondeu sob uma videira. Mas como eles passaram por ela e continuaram em frente, a corça achou que enfim não tinha sido notada e começou a comer das folhas da videira. Como elas se agitavam, os caçadores se voltaram e, julgando que algum animal estivesse escondido sob a folhagem – o que era mesmo verdade! –, abateram com dardos a corça. E ela, morrendo, disse o seguinte: "Mereço o que me aconteceu, pois eu não devia ter maltratado minha salvadora!".

A fábula mostra que os que são injustos para com seus benfeitores são castigados por um deus.

A corça na fonte e o leão

Uma corça, premida pela sede, veio ter a uma fonte. Depois de beber, fitou sua própria sombra na água e sentiu orgulho de seus cornos, ao ver que eram de bom tamanho e de feitio variado, mas desgostou-se muito de suas pernas, finas e frágeis. Em meio a tais considerações, surgiu de repente um leão, que se pôs a segui-la. Ela tratou de fugir e foi se distanciando bastante dele, pois a força das corças está nas pernas e a dos leões, no coração. Por isso, enquanto a planície era um descampado, a corça ia escapando, na dianteira. Mas quando adentrou um matagal, aconteceu o seguinte: seus cornos se enroscaram nos galhos e ela, não conseguindo correr, foi agarrada. Então, prestes a ser morta, disse para si: "Sou mesmo uma desgraçada! Aquelas que deviam trair-me, salvaram-me, enquanto esses em quem eu tinha plena confiança, puseram-me a perder!".

Assim, é frequente que, nos perigos, os amigos suspeitos se tornem salvadores e os que mereciam plena confiança, traidores.

O corvo e a raposa

Um corvo roubou um pedaço de carne e pousou em uma árvore. Uma raposa o avistou e, desejosa de tomar-lhe a carne, parou diante da árvore e pôs-se a elogiá-lo dizendo que ele era belo, de porte vistoso, e também que lhe convinha perfeitamente ser rei das aves, e que isso não poderia deixar de acontecer se ele tivesse voz. E ele, querendo mostrar-lhe que também tinha voz, soltou a carne e pôs-se a gritar com toda força. Ela agarrou correndo a carne e disse-lhe: "Ei, corvo, se você tivesse inteligência também, nada lhe faltaria para ser rei de todas as aves".

Para homem imbecil a fábula é oportuna.

A criança e o corvo

Uma mulher foi consultar o oráculo a respeito de seu filho, ainda um bebê. E os adivinhos predisseram que ele seria morto por um corvo. Apavorada, ela preparou uma arca enorme e nela trancafiou o menino, vigiando para que ele não fosse morto por um corvo. E assim foi tocando a vida, abrindo a arca nas horas certas para oferecer-lhe o alimento necessário. Mas certa vez ela abriu a arca e quando foi recolocar a tampa, o menino, imprevidentemente, pôs a cabeça para fora. Foi assim que o corvo – o ferrolho da arca – despencou sobre sua cabeça, matando-o.

A doninha e o galo

Uma doninha agarrou um galo e quis devorá-lo com um pretexto bem plausível. Então o acusou de ser molesto para os homens, porque cantava à noite e não os deixava pegar no sono. Ele se defendeu dizendo que agia assim em benefício deles, a fim de que despertassem para os afazeres cotidianos. E a doninha fez nova acusação, dizendo que ele tinha natureza ímpia, pois se acasalava com a mãe e as irmãs. E como o galo respondesse que agia assim também em proveito dos patrões, já que disso resultava grande quantidade de ovos, a doninha replicou: "Mas se você se sai bem com inúmeras defesas magníficas, eu é que não vou ficar sem comida". E devorou-o.

A fábula mostra que uma natureza perversa decidida a cometer uma falta, ainda que não consiga um pretexto plausível, age com perversidade às claras mesmo.

Os dois embornais

Prometeu moldou os humanos e pendurou em cada um dois embornais repletos, um de vícios alheios, e o outro de vícios pessoais, pondo na frente o dos vícios alheios e atrás, o outro. Disso resultou que os homens enxergam em um relance os defeitos alheios, mas não notam os próprios.

Dessa fábula pode servir-se uma pessoa em relação a um homem muito ocupado que é cego para os próprios afazeres mas se preocupa com os que não lhe dizem respeito.

O estômago e os pés

O estômago e os pés estavam discutindo para ver quem era mais forte. Como os pés dissessem a todo instante que eram tão superiores em vigor a ponto de carregar até o próprio estômago, este respondeu: "Mas, meus caros, se eu não lhes fornecer alimento, vocês não conseguirão carregar-me!".

Assim, também no que concerne aos exércitos, quase sempre de nada vale um grande contingente se os generais não têm boas ideias.

Os filhotes da macaca

Dizem que as macacas geram dois filhotes, e que um deles elas estimam e alimentam com zelo, mas o outro desprezam e deixam de lado. Acontece que, por uma fatalidade divina, aquele que a mãe trata com carinho e abraça com vigor morre asfixiado, enquanto o outro, o rejeitado, desenvolve-se bem.

A fábula mostra que a fatalidade é mais poderosa do que qualquer previdência.

A formiga e a pomba

Uma formiga sedenta desceu a uma fonte, mas foi levada pela correnteza e começou a afogar-se. Nisso uma pomba avistou a cena, arrancou de uma árvore um ramo e lançou-o na água. E a formiga, pousando nele, salvou-se. Tempos depois um caçador reuniu seus caniços com visco e saiu para apanhar a pomba. Então a formiga, ao perceber isso, deu uma mordida no pé do caçador. E ele, com a dor que sentiu, jogou os caniços, fazendo que a pomba fugisse imediatamente.

A fábula mostra que é preciso retribuir o favor aos benfeitores.

A formiga e o escaravelho

Era verão e uma formiga ia percorrendo os campos a colher grãos de trigo e de cevada, que armazenava como provisão para o inverno. Um escaravelho admirou-se ao ver que ela exagerava no trabalho, pois se estafava em uma época em que os outros animais se desobrigavam de tarefas e ficavam na boa vida. Ela, nesse momento, não se abalou. Mais tarde, porém, quando chegou o inverno e o esterco foi se desmanchando com a chuva, o escaravelho foi até ela, faminto, esmolar comida. Ela, porém, lhe disse: "Mas se você, escaravelho, tivesse trabalhado naquela época, quando eu me estafava e você me reprovava, agora não teria falta de alimento".

Assim, os que em tempo de fartura não se preocupam com o futuro, padecem graves sofrimentos quando muda a situação.

A galinha dos ovos de ouro

Um homem tinha uma bela galinha que botava ovos de ouro. Por imaginar que dentro dela havia uma massa de ouro, ele a matou, descobrindo a seguir que ela era igual às demais galinhas. Assim, ele, que esperava encontrar a riqueza em bloco, até do pequeno lucro se privou.

[A fábula mostra] Que a gente deve dar-se por satisfeito com os bens presentes e evitar o desejo insaciável.

A gralha e as aves

Zeus, querendo instituir um rei das aves, fixou um prazo em que todas deveriam comparecer para que ele instituísse como rei a mais vistosa. Então elas foram a um rio para lavar-se. E uma gralha, compreendendo que não tinha chance por causa de sua feiura, aproximou-se, recolheu as penas que caíam das outras aves e colou-as ao redor de seu corpo. Aconteceu, então, que desse modo ela se tornou a mais vistosa de todas. Quando chegou o dia prefixado, compareceram todas as aves diante de Zeus. E a gralha, multicolorida, veio também. Mas na hora em que Zeus ia levantar a mão para eleger rainha a gralha, por causa de seu belo visual, as aves se indignaram e cada uma arrancou dela a pena que lhe pertencia. E assim aconteceu que ela, despida, voltou a ser gralha.

Assim também os homens devedores, enquanto estão com os bens alheios, julgam-se os tais, mas quando devolvem esses bens, revelam-se tais quais eram desde o início.

A gralha e os corvos

Uma gralha que se distinguia das outras em tamanho menosprezou suas companheiras de raça e foi ter com os corvos, julgando-se digna de conviver com eles. Mas eles estranharam seu aspecto e sua voz e enxotaram-na a bicadas. E ela, rejeitada por eles, voltou para as gralhas. Estas, porém, zangadas que estavam com o ultraje, não lhe deram acolhida. Assim, aconteceu que ela acabou excluída das duas comunidades.

Assim também os homens que deixam a pátria para dar preferência a terras estrangeiras, aí não gozam de estima por serem estrangeiros e são desprezados pelos compatriotas, por tê-los menosprezado.

A gralha e as pombas

Ao ver pombas bem cuidadas em um pombal, uma gralha branqueou-se e foi tomar parte no regime delas. Enquanto esteve silenciosa, elas a aceitaram, crentes de que era uma pomba. Mas no exato momento em que se distraiu e soltou um grito, elas a enxotaram, pois estranharam sua voz. E ela, como lá não tivesse conseguido alimento, voltou outra vez para as gralhas.

Mas estas não a reconheceram por causa da cor e barraram-na como companheira de refeição. Assim, ela, que tinha dois interesses, não alcançou nenhum.

Pois bem. Portanto, é preciso que também nós nos contentemos com o que temos, considerando que a ambição, além de não servir para nada, muitas vezes também dissipa nossas posses.

O homem grisalho e as cortesãs

Um homem grisalho tinha duas amantes, uma nova e outra velha. A idosa, envergonhada de relacionar-se com um homem mais novo, vivia arrancando-lhe os cabelos negros, cada vez que ele vinha à sua casa. E a mais nova, tentando suavizar que tinha um amante mais velho, arrancava seus fios grisalhos. Assim, aconteceu que, de fio em fio, ele foi depilado pelas duas e ficou careca.

Assim, em qualquer situação o anômalo é prejudicial.

O lavrador e a cobra enregelada

Era inverno quando um lavrador encontrou uma cobra enregelada de frio. Penalizado, pegou-a e colocou-a sob sua veste. Uma vez aquecida, a cobra recuperou sua natureza peculiar e deu uma picada em seu benfeitor, causando-lhe a morte. Então ele, morrendo, disse: "Bem feito para mim, pois tive pena de um perverso".

A fábula mostra que as naturezas perversas não se alteram, mesmo que sejam muitíssimo bem tratadas.

O leão, a raposa e a corça

Um leão que jazia doente em uma caverna disse à amigável raposa, com quem mantinha convívio: "Se você deseja que eu continue vivo e saudável, ludibrie com suas doces palavras aquela corça enorme, aquela que vive na floresta, e traga-a às minhas mãos, pois me apetecem seu coração e suas entranhas". Foi-se, então, a raposa e encontrou a corça a saltitar na floresta. Depois de saudá-la efusivamente, disse-lhe: "Vim trazer boas-novas! Você sabe que o leão, nosso rei, é meu vizinho. Ele está doente, à beira da morte, e pôs-se a deliberar qual dos animais seria seu sucessor. 'O javali é desajuizado', afirmava ele, 'o urso, balofo; a pantera, irascível; o tigre, fanfarrão; a corça é a mais digna da realeza, porque tem porte altivo, vida longa e um chifre que intimida as serpentes.' Para que mais delongas? Por decisão dele, você assumirá o reinado! E eu, que recompensa ganharei por ter lhe dado a notícia em primeira mão? Vamos, prometa-me alguma coisa. Estou com pressa, não vá ele sentir a minha falta! Ele precisa de mim como conselheira para tudo! Mas se você me der ouvidos, seguirá os conselhos que eu, idosa como sou, vou lhe dar: venha também e aguarde junto do moribundo". Assim disse a raposa. Com essas palavras, a vaidade subiu à cabeça da corça e ela foi à caverna, ignorando o que ia acontecer. O leão, então, lançou-se com ímpeto sobre ela; suas garras chegaram a dilacerar-lhe as orelhas apenas, pois ela tratou de fugir rapidamente para a floresta. A raposa não se conformava em ter se esforçado em vão. O leão, por sua vez, gemia e rugia forte. Morto de fome e de aflição, suplicou à raposa que fizesse uma segunda tentativa e trouxesse de novo a corça por meio de um ardil. Ela, então, lhe disse: "Você me atribui uma tarefa difícil e penosa. Contudo, vou prestar-lhe esse serviço". E, assim, como um cão farejador, saiu atrás da corça, tramando trapaças. Alguns pastores a quem ela perguntou se tinham visto uma corça ensanguentada, indicaram a floresta. Ao encontrá-la esbaforida, a raposa parou diante dela descaradamente. Indignada, a corça arrepiou o pelo e falou: "Nunca mais você vai me pegar, estrupício! E se chegar perto de mim, não sairá viva. Vá raposear com outros, inexperientes, transforme-os em reis e exalte-os". Então a raposa retrucou: "Você é tão covarde assim e medrosa, que desconfia de nós, seus amigos? O leão, quando agarrou sua orelha, ia dar-lhe conselhos e recomendações a respeito de tão importante reinado, pois ele está morrendo. E você não tolerou nem mesmo um arranhão da pata de um enfermo! Agora ele está mais indignado do que você, e pretende tornar rei o lobo. Ai de mim, um senhor perverso! Mas venha, não se deixe sugestionar por nada, e comporte-se como um cordeiro. Juro por todas as folhas e fontes que você não sofrerá nenhum mal da parte do leão. Quanto a mim, quero tão somente favorecê-la". Tendo assim ludibriado a medrosa, convenceu-a a ir uma segunda vez. E assim que ela adentrou a caverna, o leão teve sua ceia, pois devorou-lhe todos os ossos, o tutano e as entranhas. A raposa ficou parada, observando. Nisso o coração cai e ela, sorrateira, o apanha e come, como prêmio de seu esforço. E ao notar que o leão farejava todas as partes, mas não encontrava o coração, a raposa, postada à distância, falou: "A bem da verdade essa fulana não tinha coração. Não adianta procurar. Que espécie de coração teria ela, que por duas vezes veio ter à morada e às mãos de um leão?".

O amor pelas honrarias turva a mente humana e desconsidera as consequências dos perigos.

O leão, o lobo e a raposa

Um leão já velho jazia, doente, estirado em uma caverna. Então vinham fazer visitas ao rei todos os animais, menos a raposa. E o lobo, aproveitando a oportunidade, denunciou a raposa ao leão, dizendo que ela não tinha apreço pelo senhor de todos eles, e por isso nem vinha fazer uma visita. Mas nesse exato momento vinha chegando a raposa, que ouviu as palavras finais do lobo. E o leão, então, rugiu para ela. Mas ela pediu uma chance de defesa e disse: "E, dentre esses que se reuniram aqui, quem se preocupou com você tanto quanto eu, que andei por toda parte buscando junto dos médicos um remédio para você e o encontrei?". E como o leão lhe mandasse dizer sem rodeios qual era o remédio, ela falou: "É só esfolar um lobo vivo e envolver-se com a pele dele ainda quente". E o lobo, imediatamente, jazeu morto. Então a raposa, rindo, disse assim: "Não se deve instigar o chefe à hostilidade, e sim à benevolência".

A fábula mostra que aquele que maquina contra os outros, reverte para si próprio a maquinação.

O leão velho e a raposa

Um leão já velho, sem condições de arranjar alimento com o próprio esforço, entendeu que precisava fazê-lo por meio da criatividade. Então foi para uma caverna e lá se deitou, fingindo-se doente. E assim, os animais que vinham fazer-lhe uma visita, ele agarrava e devorava. Como grande quantidade de bichos havia sido capturada, uma raposa, tendo deduzido qual era sua tática, foi até lá e, detendo-se a uma certa distância da caverna, perguntou-lhe como estava. O leão disse: "Estou mal". E quis saber por que razão ela não entrava. Então ela disse: "Mas bem que eu entraria, se não estivesse vendo pegadas de muitos animais que entraram, mas de nenhum que saiu".

Assim, os homens sensatos safam-se dos perigos, porque tomam precauções a partir dos indícios.

O leão e o javali

No verão, quando o calor provoca a sede, a uma pequena fonte vieram beber um leão e um javali. Eles, então, começaram a discutir para ver quem beberia primeiro e a discussão impeliu-os a um duelo mortal. De repente, ao se voltarem para tomar fôlego, viram abutres aguardando que um deles tombasse, para devorá-lo. Por isso, puseram fim ao desentendimento, dizendo: "É melhor nos tornarmos amigos do que banquete de abutres e corvos".

[A fábula mostra] Que é belo desfazer as querelas perversas e as rivalidades, pois elas resultam em danos para todo mundo.

O leão e o onagro

Um leão e um onagro estavam caçando bichos, o leão fazendo uso de sua força e o onagro, da velocidade de suas patas. Depois que caçaram alguns animais, o leão pôs-se a dividi-los. Separou três partes e disse: "A primeira vou ser o primeiro a pegar porque sou o rei; a segunda vou pegar porque sou sócio, com direitos iguais; e essa terceira vai lhe causar um grande mal se você não quiser fugir".

[A fábula mostra] Que é preciso medir-se em tudo segundo a própria força e não se juntar nem fazer sociedade com os mais poderosos.

O leão e o rato agradecido

Enquanto um leão dormia, um rato passeava por seu corpo. Mas ele despertou e o agarrou, e ia devorá-lo quando o rato pediu-lhe que o largasse, dizendo que, se o deixasse são e salvo, iria retribuir-lhe esse favor. E o leão, com um sorriso, soltou-o. Aconteceu, então, que não muito depois ele foi salvo pela gratidão do rato. Tendo sido apanhado por caçadores, o leão foi amarrado com uma corda a uma árvore. Nessa ocasião o rato, quando ouviu seus gemidos, foi lá e roeu a corda. E depois de libertá-lo, disse: "Certa vez você caçoou de mim, dizendo que não esperava receber de minha parte uma retribuição. Agora, porém, tenha certeza de que também entre os ratos há gratidão!".

A fábula mostra que, com as mudanças das situações, os muito poderosos passam a precisar dos mais fracos.

O leão, Prometeu e o elefante

Um leão vivia se queixando com Prometeu porque este o fizera grande e belo, armara de dentes sua mandíbula e fortalecera suas patas com garras; fizera-o, enfim, mais poderoso do que os outros animais. "Mas eu, com tudo isso", dizia ele, "tenho medo do galo!" E Prometeu lhe disse: "Por que me culpar sem motivo? Você recebeu de mim tudo o que eu pude fazer. E é só diante desse animal que seu ânimo enfraquece!". E o leão, então, se deplorava, recriminando a própria covardia e, por fim, queria morrer. Com tal ideia na cabeça, ele encontra por acaso um elefante, cumprimenta-o e se detém a conversar. Ao vê-lo a abanar as orelhas o tempo todo, disse: "O que há com você? Por que não sossega um pouco essas orelhas?". E o elefante, aturando um mosquito que justo naquele momento esvoaçava ao seu redor, respondeu-lhe: "Você está vendo essa coisa minúscula, que está zumbindo? Se ela entrar no canal do meu ouvido, estou morto!". E o leão: "Então, por que deveria morrer alguém como eu, mais bem-afortunado do que o elefante? Afinal, um galo é bem mais do que um mosquito!".

Você está vendo a força que tem o mosquito, a ponto de amedrontar até um elefante.

O leão, o asno e a raposa

Um leão, um asno e uma raposa selaram com libação uma sociedade entre eles e saíram à caça. Assim que apanharam uma boa quantidade, o leão designou o asno para fazer a partilha. Ele, então, fez três partes iguais e convidou o leão a escolher. Enfurecido, o leão saltou sobre ele, devorou-o e depois designou a raposa para fazer a divisão. Ela, por sua vez, reuniu tudo em um só monte, tendo reservado para si uma pequena porção, e convidou o leão a fazer a escolha. E quando o leão lhe perguntou quem é que a ensinara a repartir daquele maneira, a raposa respondeu: "A desgraça do asno".

A fábula mostra que os infortúnios do próximo se tornam, para os homens, fonte de sabedoria.

O leão, o urso e a raposa

Um leão e um urso encontraram um filhote de veado e puseram-se a brigar por causa dele. E por terem se agredido com violência, logo sentiram vertigem e caíram desfalecidos. Então uma raposa que estava chegando por ali, ao avistar os dois, abatidos, e estirado entre eles o filhote, agarrou este último e foi saindo por entre os dois. E eles, sem condições de levantar-se, disseram: "Que miseráveis somos nós! Estávamos nos matando em benefício de uma raposa!".

A fábula mostra que sofrem com razão aqueles que veem o primeiro que aparece levar embora os frutos que eles conseguiram com o próprio esforço.

O leitão e os cordeiros

Um leitão se enfiou em um rebanho de cordeiros e ali ficou pascendo. Mas um dia o pastor o agarrou e ele se pôs a berrar, esperneando. Então os cordeiros o repreenderam por causa dos berros, dizendo: "Ele seguidamente nos agarra e nós não gritamos!". Ao que ele respondeu: "Mas ele me agarra diferente! A vocês ele cerca por causa da lã ou do leite, mas de mim ele quer a carne!".

A fábula mostra que gemem com razão aqueles que veem ameaçados não os seus bens, mas as suas vidas.

O lenhador e Hermes

Um homem que cortava lenha às margens de um rio perdeu seu machado. Sem saber o que fazer, sentou-se no barranco e pôs-se a chorar. Hermes, quando soube do motivo, compadeceu-se do homem. Então mergulhou no rio, retirou de lá um machado de ouro e perguntou-lhe se aquele era o machado que ele havia perdido. Ele, porém, falou que não era aquele. Então Hermes foi de novo para o fundo e trouxe um machado de prata. Mas como o homem lhe dissesse que também aquele não era o seu, Hermes foi para o fundo uma terceira vez e retirou o machado dele. Aí ele disse que era aquele mesmo o machado que havia perdido. Hermes ficou tão impressionado com sua honestidade que lhe deu os três de presente. Depois disso, o homem foi ter com seus companheiros e lhes contou em detalhes o que havia ocorrido. Um deles, então, resolveu fazer a mesma coisa. Foi à beira do rio, lançou seu machado na correnteza e sentou-se a chorar. Hermes apareceu também para ele e, quando soube do motivo de seu pranto, mergulhou igualmente e retirou de lá um machado de ouro. E quando Hermes lhe perguntou se era aquele o machado que ele havia perdido, ele disse eufórico: "Sim! É esse mesmo, de verdade!". Então o deus se horrorizou com tal descaramento e não só guardou o de ouro, como não lhe entregou o que lhe pertencia.

A fábula mostra que a divindade favorece os justos tanto quanto hostiliza os injustos.

A leoa e a raposa

Uma leoa, censurada por uma raposa por gerar sempre um único filhote, disse: "Um só, mas leão!".

[A fábula mostra] Que não se deve medir o belo pela quantidade, mas examiná-lo pela qualidade.

O lobo e a velha

Um lobo faminto perambulava à procura de comida. Ao chegar a um certo local, ouviu uma criança chorando e uma velha a dizer: "Pare de chorar, se não agora mesmo vou entregar você para o lobo". E o lobo, crente de que a velha falava sério, parou e ficou esperando um longo tempo. Quando caiu a tarde, de novo ele ouve a velha, que paparicava a criança dizendo-lhe: "Se o lobo vier aqui, filho, nós o mataremos". Ao ouvir isso, o lobo pôs-se a caminho dizendo: "Neste sítio eles falam uma coisa mas fazem outra!".

A fábula [é oportuna] para homens que não concordam seus atos com suas palavras.

O lobo e o cão

Um lobo viu um cão enorme preso em uma coleira e perguntou-lhe: "Quem te prendeu e te deu tanta comida?". E o cão: "Um caçador". Então o lobo disse: "Mas tomara que não aconteça uma coisa dessas com um certo lobo aqui, que é amigo meu! A fome é mais leve do que a coleira!".

A fábula mostra que nas desventuras nem o estômago se satisfaz.

O lobo e o cordeiro

Um lobo viu um cordeiro bebendo água de um rio e desejou devorá-lo por um motivo qualquer bem pensado. Por isso, tendo se postado mais acima, pôs-se a acusá-lo de turvar a água e de impedi-lo de beber. Então o cordeiro disse que bebia na ponta dos lábios e que, além do mais, não podia ser que ele, que estava mais abaixo, estivesse turvando a água do lado de cima. Vencido nessa acusação, o lobo disse: "Mas no ano passado você injuriou meu pai!". E como o outro dissesse que naquela época nem era nascido, o lobo lhe disse: "Mesmo que você se saia bem na defesa, eu não vou deixar de comê-lo!".

A fábula mostra que junto daqueles cujo propósito é praticar a injustiça, nem uma defesa justa prevalece.

O lobo e o leão

Certa vez, um lobo estava levando para sua toca um cordeiro roubado de um rebanho. Nisso um leão topou com ele e tomou-lhe o cordeiro. E o lobo, que ficou parado no lugar, disse-lhe de longe: "Você tomou desonestamente o que era meu!". Então o leão disse, com um sorriso: "E acaso você o recebera honestamente de algum amigo?".

Larápios e bandidos presunçosos, que se acusam mutuamente quando se encontram em alguma complicação, a fábula censura.

O lobo saciado e a ovelha

Um lobo já estava saciado de alimento quando viu uma ovelha estirada ao chão. Ao perceber que ela tinha caído de medo dele, chegou perto e pôs-se a encorajá-la dizendo que a libertaria se ela lhe dissesse três sentenças verdadeiras. Então ela começou dizendo, em primeiro lugar, que não quis encontrá-lo; em segundo, disse que, já que esse encontro tinha sido inevitável, queria tê-lo encontrado cego; e, em terceiro lugar, acrescentou: "Tomara que todos os lobos tenham morte cruel, pois vocês, malvados, embora nada sofram de nossa parte, nos combatem com malvadeza". E o lobo, reconhecendo que ela não mentia, libertou-a.

A fábula mostra que, muitas vezes, a verdade tem força até junto dos inimigos.

O macaco e o golfinho

Era costume entre os navegantes levar cães malteses e macacos para distraírem a viagem. Sendo assim, um navegante levava consigo um macaco. Quando se aproximaram de Súnion, o promontório da Ática, ocorreu uma violenta tempestade e o navio soçobrou. Como todos se pusessem a nadar, o macaco mergulhou também. Então um golfinho o avistou e, imaginando que ele fosse um homem, veio por baixo, ergueu-o e começou a conduzi-lo à terra. Já estavam perto do Pireu, o porto dos atenienses, quando perguntou ao macaco se ele era ateniense. O macaco respondeu que sim, e disse que pertencia a uma ilustre família. Então o golfinho perguntou se ele também conhecia o Pireu. E o macaco, pensando que ele estivesse falando de um homem, disse que sim, que o conhecia, e que era seu amigo íntimo. Irado com tamanha mentira, o golfinho deu um mergulho e matou-o.

A fábula [é oportuna] para homens que desconhecem a verdade e presumem que enganam.

O menino e o leão desenhado

Um homem velho e medroso, pai de um único filho, corajoso e afeiçoado à caça, viu-o, em sonho, ser morto por um leão. Temendo que fosse uma visão e que o sonho se mostrasse verídico, construiu um belíssimo aposento suspenso, e lá manteve protegido o menino. Para alegrá-lo, até decorou o aposento com pinturas de animais de todos os tipos, entre os quais foi desenhado também um leão. Contudo, quanto mais o menino os fitava, mais se enchia de dor. Certa vez, parou diante do leão e disse: "Fera terrível, por culpa sua e do sonho falso de meu pai, estou trancafiado em uma prisão de mulher! Que devo fazer com você?". Disse isso e deu um murro contra a parede, pretendendo cegar o leão. Então uma farpa de madeira penetrou sob sua unha, provocando uma dor aguda e uma inflamação que virou um tumor. Disso resultou uma febre alta que fez o rapaz deixar a vida. Assim, de nada lhe valeu o artifício de seu pai, pois o leão, embora fosse um mero desenho, acabou matando-o.

[A fábula mostra] Que devemos suportar com coragem nosso destino, sem cavilação, pois dele não podemos fugir.

O morcego e as doninhas

Um morcego caiu no chão e foi apanhado por uma doninha. Ao ver que ia ser morto, pediu-lhe que o poupasse. E como ela dissesse que não podia soltá-lo, inimiga que era, por natureza, de todos os pássaros, ele falou que não era passarinho e, sim, rato. E desse modo safou-se. Tempos depois ele caiu de novo e, apanhado por outra doninha, pediu-lhe que não o devorasse. E como ela dissesse que era hostil a todos os ratos, ele falou que não era rato e, sim, morcego. E escapou de novo. E foi assim que, trocando de nome, salvou-se duas vezes.

A fábula mostra que não devemos insistir sempre nas mesmas atitudes, se levarmos em conta que os que se amoldam às situações escapam muitas vezes dos perigos.

O mosquito e o leão

Um mosquito chegou para um leão e disse: "Nem tenho medo de você, nem você é mais forte do que eu. Se não, que força você tem? Só porque arranha com essas garras e morde com esses dentes? Isso até uma mulher faz, quando briga com o marido. Eu é que sou muito, mas muito mais forte do que você! E se quiser, vamos ao combate!". O mosquito soou a trombeta e investiu contra ele, picando sua cara sem pelo, ao redor das narinas. E o leão tentava desvencilhar-se com a garras, até que se deixou abater. Então o mosquito, tendo vencido o leão, soou a trombeta, cantou um epinício e ficou voando. Mas, depois, caiu em uma teia de aranha. Aí, então, pôs-se a lastimar, ao ser devorado, que ele, que lutava com animais enormes, estava sendo morto por um animal reles como a aranha.

A mulher e a galinha

Uma mulher viúva tinha uma galinha que botava um ovo por dia. Julgando que, se desse à galinha maior quantidade de cevada, ela botaria dois ovos por dia, assim fez. Então a galinha ficou gorda e nem uma vez por dia conseguia botar.

A fábula mostra que os cobiçosos, que procuram sempre qualquer coisa a mais, perdem até o que já possuem.

A novilha e o boi

Uma bezerra, ao ver um boi trabalhando, pôs-se a lastimar a canseira que ele sofria. Mas quando chegou o dia de uma festa religiosa, eles liberaram o boi e dominaram a novilha para sacrificá-la. Ao ver isso, o boi lhe disse, a rir: "É por isso, novilha, que você não trabalhava, pois logo ia ser sacrificada!".

A fábula mostra que o perigo ronda o desocupado.

O orador Demades

O orador Demades falava, certa vez, ao povo de Atenas. Como não lhe prestavam atenção, pediu-lhes licença para contar uma fábula esópica. Tendo eles consentido, começou a dizer: "Uma andorinha, uma enguia e Deméter iam por um mesmo caminho. Quando chegaram a um rio, a andorinha voou e a enguia mergulhou". Disse isso e calou-se. Então eles perguntaram: "E Deméter? O que aconteceu com ela?". E ele respondeu: "Ela está zangada com vocês, que deixaram de lado os assuntos da cidade para se ligar em fábulas esópicas".

Assim, também dentre os homens, são irracionais os que negligenciam os negócios urgentes e dão preferência aos afazeres prazerosos.

As panelas

Uma panela de barro e uma de cobre iam rodando rio abaixo. Então a de barro disse para a de cobre: "Fique nadando bem longe de mim, não chegue perto. Se você esbarrar em mim, eu vou me quebrar, mesmo que o esbarrão seja contra minha vontade!".

[A fábula mostra] Que vive em desassossego o pobre que mora vizinho de um patrão ladrão.

A perdiz e o homem

Um homem caçou uma perdiz e ia puxar seu pescoço quando ela se pôs a dizer, suplicando: "Deixe-me viver que, em troca, vou caçar um grande número de perdizes para você". Mas ele respondeu: "Esse é mais um motivo para eu matá-la, pois você quer armar cilada para suas amigas e companheiras!".

[A fábula mostra] Que aquele que trama artimanhas contra os amigos, cairá ele próprio nas malhas dos perigos.

O pescador que tocava flauta

Um pescador, hábil na arte de tocar flauta, pegou flautas e redes e foi para o mar. Postado sobre uma rocha proeminente, pôs-se, primeiro, a tocar, julgando que os peixes saltariam até ele por si mesmos, atraídos pelo som agradável. Mas não obteve sucesso, apesar de ter insistido muito. Então descartou as flautas, pegou a rede, lançou-a na água e pescou muitos peixes. Depois, retirou-os da rede, na praia, e ao ver que estavam pulando, disse: "Ô bichos miseráveis, quando eu tocava flauta, vocês não dançavam, e agora que já parei, estão fazendo assim?".

Para aqueles que fazem qualquer coisa em hora inoportuna a fábula é oportuna.

A raposa cotó

Uma raposa que teve o rabo mutilado em uma armadilha, ficou envergonhada e começou a achar a vida insuportável. Por isso, decidiu que precisava arrastar também as outras raposas à mesma situação, para disfarçar, com o padecimento comum, sua desvantagem pessoal. Reuniu então todas as raposas e exortou-as a cortarem o rabo, dizendo que ele era não só um incômodo, mas também uma coisa supérflua, um peso grudado nelas. Então uma delas interrompeu e disse: "Ô minha cara, só que se isso não lhe conviesse, você não nos faria tal proposta".

Essa fábula se aplica àqueles que dão sugestões aos vizinhos, não em função do bom senso, mas em função do que convém a eles próprios.

A raposa e o bode

Uma raposa caiu em um poço e lá foi forçada a permanecer. Compelido pela sede, um bode veio ter ao mesmo poço. Ao avistá-la, perguntou se a água era boa. E ela, empolgada com o encontro, estendeu-se em elogios à água, dizendo que era de boa qualidade, e convidou-o a descer. E ele, desatento, desceu, por causa do desejo de beber água, e enquanto ia matando a sede, considerava com a raposa como fariam para subir. Então ela, interrompendo, disse: "Eu sei de um bom recurso, se é que seu único desejo é que nós dois nos salvemos. Queira, pois, firmar as patas da frente na parede, endireite os chifres, que eu vou subir e, depois, puxarei você também para cima". E o bode atendeu prontamente à exortação da raposa. Então ela saltou pelas pernas dele, pelos ombros e pelos chifres, alcançou a boca do poço e, depois que subiu, foi se afastando. E como o bode a tivesse recriminado por ter desrespeitado o acordo, ela se voltou e disse: "Meu caro, se você tivesse o mesmo tanto de juízo quanto de pelos tem tua barbicha, não teria descido antes de ter considerado a subida".

Assim também os homens sensatos devem primeiro considerar o desenvolvimento completo de seus projetos e só depois empreendê-los.

A raposa e a cobra

Uma raposa avistou uma cobra adormecida e sentiu inveja de seu tamanho. Desejando igualar-se a ela, deitou-se ao lado e tentou esticar-se tanto que, extrapolando os limites, não se deu conta e rebentou-se.

Isso é o que acontece com os que lutam contra os superiores. Eles próprios se arrebentam antes de conseguir atingi-los.

A raposa e a máscara

Uma raposa foi à casa de um ator e, enquanto bulia em cada um de seus apetrechos, encontrou uma máscara de teatro, moldada com talento. Segurando-a entre as mãos, exclamou: "Oh, que cabeça! Mas não tem cérebro!".

A fábula [é oportuna] para homens de corpo magnífico, mas de alma irracional.

A raposa e as uvas

Uma raposa faminta avistou cachos de uvas suspensos em uma videira. Quis alcançá-los, mas não conseguiu. Então, afastando-se, disse para si mesma: "Estão verdes!".

Assim também certos homens que, por incapacidade, não conseguindo realizar seus negócios, culpam as circunstâncias.

As rãs que pediam um rei

Aborrecidas por viverem sem governo, as rãs enviaram um embaixador a Zeus, a quem solicitaram que lhes providenciasse um rei. Notando a ingenuidade delas, Zeus lançou no brejo um pedaço de pau. Sobressaltadas com o barulho, a princípio as rãs imergiram para o fundo do brejo. Mas, depois, como o pau permanecia imóvel, voltaram à tona e chegaram a tal ponto de desrespeito que trepavam nele e lá ficavam. Decepcionadas com um rei assim, as rãs foram uma segunda vez até Zeus pedir-lhe a troca de governante, pois aquele primeiro era muito frouxo. Irritado, Zeus enviou-lhes uma hidra, pela qual foram agarradas e devoradas.

A fábula mostra que é melhor ter chefes indolentes e sem maldade do que chefes turbulentos e perversos.

O rato do campo e o rato da cidade

Um rato do campo era amigo de um rato doméstico.
E o doméstico, a convite do amigo,
foi logo ao campo para uma ceia.
E enquanto comia cevada e trigo, dizia:
"Sabe, amigo, levas uma vida de formiga.
Pelo visto, eu é que tenho fartura de bens.
Vem comigo e desfrutarás de tudo."
No mesmo instante foram-se os dois.
E o doméstico ofereceu ervilhas e trigo,

com tâmaras, queijo, mel e frutas.
E o outro, perplexo, o bendizia
e reclamava de sua própria sorte.
Mas quando iam começar a cear
um homem, de repente, abriu a porta.
Assustados com o ruído, saltaram
os pobres ratos para dentro das fendas.
E quando iam outra vez pegar figos secos,
veio outra pessoa buscar algo lá dentro.
Ao avistarem o homem novamente,
saltaram em um buraco, escondendo-se.
Então o do campo, pondo de lado a fome,
deu um gemido e disse para o outro:
"Passe bem, amigo, entre fartos manjares
saboreados com o prazer
dos perigos e também dos sobressaltos.
Eu, o coitado, comendo trigo e cevada
vou viver sem sustos e desassossegos!"
A fábula mostra que
levar vida frugal e viver sem cuidados
vale mais do que viver no luxo, entre medos e aflições.

O rato e a rã

Um rato, animal terrestre, teve o azar de tornar-se amigo de uma rã. Cheia de más intenções, a rã amarrou à sua própria pata a pata do rato e foram, primeiro, ao campo para comer trigo e, a seguir, para a beira da lagoa. Então a rã empurrou o rato ao fundo enquanto ela própria escarrapachava-se na água a berrar seus *brekekekex*. O pobre rato acabou morrendo e, estufado de água, ficou boiando, amarrado à pata da rã. Um milhafre, então, o avistou e o agarrou. E a rã, presa que estava a ele, foi junto, tornando-se ela também refeição para o milhafre.

[A fábula mostra] Que mesmo um defunto tem condições de vingar-se, pois a justiça divina supervisiona tudo e retribui o equivalente a cada ação, pesando-a na balança.

O rouxinol e o falcão

Um rouxinol estava cantando pousado em um alto carvalho, como de costume. Nisso um falcão necessitado de alimento o avistou, voou sobre ele e o agarrou. Prestes a ser morto, o rouxinol pediu-lhe que o soltasse, alegando que não era suficiente para encher o estômago de um falcão. Este devia, já que precisava de alimento, atacar pássaros maiores. Então ele, em resposta, disse: "Eu seria estúpido se largasse o pasto garantido que tenho nas mãos para ir atrás dos que ainda não apareceram".

Assim, também dentre os homens, são irracionais aqueles que, na expectativa de bens maiores, abandonam os que estão em suas mãos.

O Sol e as rãs

Era verão e celebravam-se as núpcias do Sol. Todos os animais congratulavam-se com isso, e também as rãs se regalavam. Então uma delas disse: "Suas bestas, com que vocês se regalam? Se um único Sol já faz secar todo o brejo, que desgraça não vamos sofrer se ele, depois de casado, tiver um filhote?".

[A fábula mostra] Que muitas pessoas que têm espírito leviano se engraçam com o que não tem graça.

A tartaruga e a lebre

Uma tartaruga e uma lebre discutiam a respeito de sua velocidade. Então fixaram um prazo e um local e separaram-se. A lebre, rápida por natureza, descuidou-se da corrida e, tendo se deitado à beira do caminho, adormeceu. E a tartaruga, consciente de sua lentidão, não parou de correr e, tendo ultrapassado a lebre, que dormia, alcançou o prêmio da vitória.

A fábula mostra que muitas vezes o esforço vence uma natureza relapsa.

A velha e o médico

Uma velha senhora, doente dos olhos, contratou os serviços de um médico. Toda vez que ele vinha, passava remédio em seus olhos e, enquanto ela os mantinha fechados, aproveitava para roubar um de seus móveis. Após ter levado todos embora, encerrou o tratamento e exigiu o preço combinado. Como ela se recusava a pagá-lo, levou-a ao tribunal. Então ela disse que tinha proposto o pagamento se ele lhe curasse os olhos, mas, na realidade, o tratamento a tinha deixado pior do que antes. "Pois, naquela época", afirmou ela, "eu enxergava todos os móveis da casa, e agora não consigo ver nenhum!"

Assim, os homens perversos não percebem que, por cobiça, arrastam contra si a prova de sua perversidade.

O velho e a morte

Certa vez um velho seguia um longo trajeto carregando a lenha que cortara. Fatigado da caminhada, pôs o fardo no chão e invocou a Morte. Como a Morte lhe aparecesse e lhe perguntasse por que ele a invocara, o velho falou: "Para que levante do chão o meu fardo!".

A fábula mostra que todo ser humano ama a vida, ainda que miserável.

Os viajantes e a ursa

Dois amigos iam por uma mesma estrada quando, de repente, surgiu uma ursa. Um deles subiu depressa em uma árvore e lá ficou escondido. O outro, porém, prestes a ser descoberto, caiu no chão e se fez de morto. Então a ursa chegou com o focinho junto dele e pôs-se a farejá-lo; ele, por seu lado, retinha a respiração, pois diz-se que esse animal não toca em cadáveres. Depois que a ursa foi embora, aquele que estava na árvore desceu e perguntou o que ela lhe dissera ao ouvido. Então ele disse: "Que de hoje em diante eu não devo viajar em companhia desse tipo de amigo que não é solidário nos perigos".

A fábula mostra que as desgraças revelam os amigos sinceros.

Zeus e a tartaruga

Quando Zeus se casou, ofereceu a todos os animais um banquete, ao qual somente a tartaruga não compareceu. Por desconhecer o motivo de sua ausência, ele mais tarde lhe perguntou por que só ela não tinha vindo ao jantar. E ela disse: "Casa da gente, casa excelente!". Exasperado, Zeus então dispôs que ela andaria por toda parte carregando a própria casa.

Assim, muitos homens preferem morar com simplicidade a receber tratamento de luxo em casa alheia.

Zeus, Prometeu, Atena e Momo

Assim que Zeus, Prometeu e Atena concluíram suas obras – Zeus fez um touro; Prometeu, um homem; e Atena, uma casa –, elegeram Momo como juiz. Então ele, sentindo inveja dos artefatos, começou dizendo que Zeus tinha errado em não ter fixado os olhos do touro nos chifres, para que ele olhasse onde ia bater. A falha de Prometeu, por sua vez, estava em não ter pendurado o coração na parte externa, para que os perversos não passassem despercebidos e para que ficasse visível o que cada um tinha em mente. E, em terceiro lugar, disse que Atena deveria ter acrescentado rodas na casa, para que uma pessoa se mudasse com facilidade, caso se instalasse junto dela um vizinho perverso. Irritado com ele por causa de seu menosprezo, Zeus o enxotou do Olimpo.

A fábula mostra que nada é tão perfeito que absolutamente não mereça alguma crítica.

Fedro

José Dejalma Dezotti

Fedro (Phaedrus ou, talvez, Phaeder) era filho de escravos e nasceu em um país de língua grega, a Trácia. Não obstante, coube a ele a honra de ter sido o introdutor do gênero fábula na literatura romana. Ignora-se a data de seu nascimento e a de sua morte, mas sabe-se, com certeza, que viveu no século I, sob os principados de Augusto, Tibério e Cláudio. Pouca coisa mais se sabe a respeito de sua vida. Pelo título com que se apresentou aos seus leitores, podemos inferir que foi alforriado pelo imperador Augusto; e pelo que ele próprio nos diz no prólogo de seu terceiro livro, que foi perseguido pelo todo-poderoso ministro de Tibério, Sejano, que vira, em algumas de suas peças, veladas alusões à sua pessoa.

A obra de Fedro que chegou até nós é constituída de um conjunto de aproximadamente cem fábulas, distribuídas por cinco livros. Todas essas peças são escritas em versos senários jâmbicos, em um esquema antigo no qual o jambo pode ser substituído por um espondeu em todos os pés, exceto no último. São *fabulae aesopiae*, ou seja, transcriações de fábulas de Esopo, e foram compostas com dupla finalidade: entreter (*risum mouere*) e aconselhar (*prudenti uitam consilio monere*). É o que nos informa o próprio fabulista, nos prólogos dos Livros I e II:

Prólogo I

Esopo, minha fonte, inventou esta matéria
que eu burilei em versos senários.
Duplo é o propósito deste livrinho: mover o riso
e guiar a vida com prudentes conselhos.
Se alguém, porém, quiser criticar,
porque até as árvores falam, e não só os bichos,
lembre-se de que nos divertimos com histórias fictícias.

Prólogo II

De exemplos é constituído o gênero de Esopo,
e não se busca outra coisa através das fábulas
senão que se corrija o erro dos mortais
e que se torne aguçada sua diligente atividade.
Portanto, seja qual for o gracejo do narrar,
desde que cative o ouvido e mantenha sua finalidade,
que seja recomendado pelo conteúdo, não pelo nome do autor.
Eu, na verdade, vou manter com todo cuidado o costume do velho;
mas, se der vontade de intercalar alguma coisa,
a fim de que a variedade das palavras deleite os sentidos,
eu desejaria que você, leitor, tomasse isso em boa parte,
assim, sob a condição de que a brevidade compense seu favor.

Para que não seja verbosa tal recomendação,
ouça por que deves dizer não aos cobiçosos
e ofertar aos moderados até mesmo o que não tiverem pedido.

No prólogo do Livro III encontra-se a famosa passagem em que Fedro explica a invenção da fábula por escravos, que precisavam ocultar em narrativas alegóricas as denúncias que não podiam fazer abertamente. Leia-se a passagem (v.33-7):

Agora, por que foi inventado o gênero das fábulas
vou ensinar sucintamente. A escravidão oprimida,
por não ousar dizer o que queria,
transferiu para as fabulazinhas os próprios sentimentos
e iludiu a acusação com gracejos fictícios.

Para as traduções seguintes, utilizamos o texto de Fedro editado por B. E. Perry, que integra o volume *Babrius and Phaedrus* (Londres: Heinemann, 1975).

Fábulas

Acerca dos defeitos dos homens

Júpiter colocou em nós duas sacolas:
uma, repleta com nossos próprios defeitos, ele pôs atrás das costas,
a outra, carregada com os defeitos alheios, pendurou diante de nosso peito.
Por isso não conseguimos ver nossas próprias faltas,
mas quando são os outros que erram, somos críticos.

O bufão e o camponês

Por causa da nociva parcialidade, os mortais costumam enganar-se
e, enquanto se mantêm na opinião fundada em seu erro,
são levados a arrepender-se, quando os fatos vêm à tona.
Um homem rico, propondo-se a realizar um esplêndido espetáculo,
convidou a todos, com a promessa de um prêmio,
para que cada um mostrasse a novidade que pudesse.
Vieram artistas para a disputa da glória;
entre estes, um bufão, famoso por seu requintado humor,
disse que tinha um tipo de número
que nunca havia sido apresentado antes no teatro.
O rumor se espalha e alvoroça a cidade.
Os lugares, pouco antes vagos, não bastam à multidão.
Assim que ele subiu ao palco, sozinho,
sem nenhum equipamento, sem ajudantes,
a expectativa, por si só, impôs o silêncio.
De repente, ele baixou a cabeça para junto do peito
e com sua voz imitou de tal modo o grunhido de um porquinho
que os espectadores insistiam que havia um porquinho de verdade sob o manto
e ordenavam que este fosse sacudido. Feito isso e não tendo sido nada encontrado,
enchem o homem de muitos louvores e o ovacionam com um imenso aplauso.
Um camponês assistiu a esse acontecimento: "De mim, por Hércules,

ele não ganha!", diz, e imediatamente prometeu
que no dia seguinte faria aquilo muito melhor.
O público fez-se maior. Só que agora a parcialidade já se apoderou de suas mentes.
Os espectadores estão ali para rir, não para assistir, você sabe.
Ambos se apresentam. O bufão grunhe primeiro
e arranca aplausos e provoca gritos.
Em seguida o camponês, fingindo que encobria
um porquinho sob as vestes (o que de fato fazia,
mas escondendo-o, já que nada tinham encontrado no primeiro),
puxa a orelha do porquinho verdadeiro, que trazia oculto.
Este, com a dor, solta seu grunhido natural.
O povo aclama que o bufão imitou muitíssimo melhor
e exige que o camponês seja posto para fora.
Mas ele tira o porquinho do peito
e, demonstrando o vergonhoso erro deles com tão evidente prova,
declara: "Eis aqui, que belos juízes vocês são!".

A cadela que estava para dar cria

Evitemos as armadilhas que há nas palavras melífluas
de um homem mau: é o que nos advertem os versos abaixo.
Uma cadela estava prestes a dar cria e pediu a uma outra
se podia fazê-lo em sua cabana.
Obteve sem problema a permissão. Mais tarde,
como a outra pedisse de volta seu lugar,
a cadela, por meio de preces, suplicou-lhe mais um tempinho,

até que seus filhotes pudessem caminhar com mais firmeza.
Esgotado também esse tempo, a dona entrou a reclamar
com mais instância seu cubículo.
E a cadela disse: "Se você puder comigo
e com minha prole, eu lhe cederei o lugar".

O cão que levava um pedaço de carne por um rio

Perde merecidamente o próprio quem cobiça o alheio.
Um cão levava a nado por um rio um pedaço de carne,
quando viu, no espelho das águas, sua própria imagem;
julgando ser outra presa levada por outro cão,
quis arrebatá-la; porém sua avidez foi lograda:
não só deixou cair o alimento que trazia na boca,
como também, é claro, não pôde pegar o que cobiçava.

O careca e a mosca

Uma mosca picou a cabeça pelada de um careca
e este, tentando esmagá-la, deu em si um forte tapa.
Então, aquela, escarnecendo: "Se a picada de um minúsculo inseto
quiseste vingar com a morte, o que farás a ti próprio,
que à injúria ainda acrescentaste um insulto?".
Respondeu: "Comigo eu facilmente me reconcilio,
porque sei que não tive intenção de lesar-me.
Mas a ti, maldito animal de raça desprezível,
que te deleitas em sugar o sangue humano,
eu desejaria matar-te até com maior incômodo para mim".
Esse argumento ensina a perdoar

quem erra sem querer, pois quem é intencionalmente nocivo,
este, eu julgo que é digno de todo e qualquer castigo.

O cervo junto à fonte

As coisas que desdenhas se mostram frequentemente mais
úteis
do que as que louvas. É o que esta narrativa testemunha.
Um cervo, após ter bebido água, ficou parado junto à fonte
e viu na superfície líquida sua própria imagem.
Ali, enquanto louva com admiração seus ramosos chifres
e critica a demasiada finura de suas pernas,
é subitamente aterrorizado pelos gritos dos caçadores.
Pôs-se, então, a fugir pelo campo e, graças à sua veloz carreira,
escapou aos cães. A floresta acolheu o animal,
mas lá, detido pelos chifres que se enroscaram,
passou a ser dilacerado pelas mordidas cruéis dos cães.
Então, diz-se que, morrendo, soltou estas palavras:
"Ai desgraçado de mim! Só agora percebo
quão úteis me foram as coisas que eu desprezara
e as que eu louvara quanta desgraça trouxeram".

O cervo junto aos bois

Um cervo, desentocado de seu esconderijo no bosque,
para fugir da morte certa pelos caçadores,
dirigiu-se, cego de medo, a um sítio ali perto
e se escondeu em um oportuno estábulo.
Aí, diz um boi ao que se escondia: "O que é que você está
querendo,

ó infeliz? Não vê que correu espontaneamente para a morte,
confiando sua vida ao abrigo dos homens?".
Mas ele, suplicante: "Só peço que me poupem;
assim que for dada a ocasião, partirei novamente".
A noite vai tomando o lugar do dia.
O tratador traz a forragem e nada vê.
Em seguida todos os empregados vão e vêm
e ninguém repara; passa ainda o caseiro
e ele também não nota nada. Então, alegrando-se, o bicho
pôs-se a agradecer aos bois, que tinham permanecido quietos,
por lhe terem dado guarida em uma hora tão adversa.
Respondeu um deles: "Nós o queremos realmente salvo,
mas se vier aquele que tem mil olhos,
sua vida passará a correr grande perigo".
Nisso, o dono em pessoa voltou do jantar
e, como já havia observado que seus bois andavam magros,
aproximou-se do cocho: "Por que essa miséria de folhas?
Está faltando palha aqui! Olha o trabalho que dá tirar
essas teias de aranha!". Enquanto examina as coisas
uma por uma,
vê também os altos chifres do cervo.
Convocada a criadagem, ordena que ele seja morto
e leva a presa. Esta fábula mostra
que o dono cuida com mais atenção de seus interesses.

Os dois burros e os ladrões

Iam dois burros por uma estrada, curvados ao peso da carga.
Um levava sacolas com dinheiro; o outro,
sacos abarrotados de cevada.

O da carga rica vai garboso, de cabeça empinada,
fazendo tilintar o sonoro sininho de seu pescoço.
Seu companheiro vai atrás em passo manso e sossegado.
De repente, ladrões saltam de um esconderijo sobre eles.
No meio do saque, ferem com a espada o burro rico, roubam
as moedas e vão embora sem se interessar pela cevada sem
valor.
Aí, como o burro espoliado lamentasse seu infortúnio,
diz o outro: "Já eu estou feliz de ter sido desprezado,
pois nada perdi, nem sofri ferimento algum".
Por esse argumento, vê-se que a pobreza dos homens está
segura;
as grandes riquezas é que estão expostas ao perigo.

Os dois carecas

Um careca achou por acaso um pente em uma esquina.
Um outro, igualmente desprovido de cabelos, aproximou-se.
"Ei", diz, "vamos dividir entre nós dois qualquer que seja o
lucro!"
O primeiro mostrou o objeto achado e, ao mesmo tempo,
acrescentou:
"A vontade dos deuses foi favorável; mas, por um destino
invejoso,
encontramos, como dizem, carvão em vez de ouro".
Essa queixa convém àquele a quem a esperança enganou.

A gralha orgulhosa e o pavão

Para que ninguém se meta a vangloriar-se com os bens alheios
mas, antes, procure viver de acordo com sua própria condição,

Esopo apresentou-nos este exemplo:
Impada de vão orgulho, uma gralha
pegou as penas que caíram de um pavão
e se enfeitou toda. Daí, desprezando os seus,
misturou-se a um formoso bando de pavões.
Estes, porém, atacam a ave descarada, arrancam-lhe as penas
e expulsam-na a bicadas. A gralha, maltratada e infeliz,
tenta então voltar para junto dos de sua espécie;
mas, repelida também pelos seus, ficou marcada pela desonra.
Então, uma das que tinham sido antes desprezadas por ela,
diz-lhe:
"Se tivesses ficado contente em nossa morada
e aceitado de bom grado o que te concedeu a natureza,
não terias experimentado aquela afronta,
nem sofrido em tua desgraça nossa repulsa".

O homem e a serpente

Quem presta socorro aos maus, sofre mais tarde as conse-
quências.
Um homem ergueu do chão uma cobra
enregelada pela neve e aqueceu-a junto ao peito.
Sua compaixão, porém, lhe foi fatal, pois aquela,
logo que se refez, matou de imediato o homem.
Como uma outra cobra lhe perguntasse o motivo do crime,
respondeu: "Para que se aprenda a não ser útil aos maus".

O lobo e o cão

Vou expor sucintamente o quanto é doce a liberdade.
Um lobo, desfigurado pela magreza, encontrou-se casualmente

com um bem nutrido cão. Pararam e, após se cumprimentarem
mutuamente, o lobo perguntou: "De onde lhe vem toda essa gordura?
Que tipo de comida lhe dá tanta robustez? Eu, que sou
bem mais forte, estou definhando de fome".
E o cão com bonomia: "Você estaria no mesmo estado que eu,
se pudesse prestar a meu dono serviço igual ao que presto".
"Que serviço?", pergunta o lobo. "O de guardar sua porta,
o de defender-lhe a casa dos ladrões à noite.
O pão me é dado, sem que eu peça, meu dono me dá ossos
de sua própria mesa, os criados me atiram petiscos
e todas as iguarias que sobram. Assim,
meu estômago se enche sem nenhum esforço de minha parte."
"Realmente", diz o lobo, "eu estou preparado. Se agora eu suporto
a neve e as chuvas, levando na floresta uma vida duríssima,
o quanto me seria mais fácil viver sob um teto e matar a fome
com farta comida, sem precisar fazer nada!"
"Então, venha comigo." Enquanto caminham, o lobo
percebe no pescoço do cão a marca deixada pela coleira.
"E isso aí, amigo? O que é?" "Não é nada." "Mas diga assim mesmo." "É que,
como pareço muito agitado, prendem-me durante o dia,
para que eu descanse e esteja bem desperto quando a noite chega.
No fim da tarde me soltam e eu vagueio por onde quero."
"Bem, e se lhe der vontade de sair por aí, você tem permissão?
"É claro que não." "Então, amigo, usufrua os bens que você louva;

a mim não me interessa ser rei, se a condição é não ter
liberdade."

O lobo e o cordeiro

A um mesmo rio um lobo e um cordeiro tinham vindo,
compelidos pela sede. O lobo estava mais acima;
bem mais abaixo, o cordeiro. Foi aí que, incitado
por sua goela voraz, o ladrão apresentou um pretexto de
briga:
"Por que, diz ele, você sujou a água que eu
estou bebendo?". E o lanígero, morrendo de medo:
"Como posso, pergunto, estar fazendo isso de que você
se queixa, Senhor Lobo? É de você que corre para meus
goles a água!". Repelido pela força da verdade, diz aquele:
"Há seis meses você falou mal de mim!"
"Mas", respondeu o cordeiro, "eu ainda nem era nascido."
"Então foi teu pai, caramba!", diz o lobo.
E desse modo agarrou-o e dilacerou-o com uma injusta
morte.
Essa fábula foi escrita tendo em vista aquelas
pessoas que, sob falsos pretextos, oprimem os inocentes.

A montanha dando à luz

A montanha estava dando à luz, soltando medonhos gemidos
e havia na terra a maior expectativa.
Mas ela pariu um rato. Isso foi escrito para ti,
que, apesar de prometeres grandes coisas, não realizas nada.

A mulher dando à luz

Ninguém volta com prazer ao lugar que o prejudicou.
No instante do parto, já completados os meses, uma mulher
estava deitada no chão, soltando dolorosos gemidos.
O marido exortou-a a que deitasse seu corpo na cama
onde melhor se livraria do fardo da natureza.
"Não", diz ela, "não tenho a menor confiança em poder
terminar o mal no lugar em que ele teve início."

A ovelha, o cão e o lobo

Os mentirosos costumam pagar por seus malefícios.
Como um cão caluniador reclamasse de uma ovelha
um pão que pretendia ter a ela confiado,
um lobo, citado como testemunha, disse
que não apenas um, mas dez eram devidos.
Condenada pelo falso testemunho, a ovelha
pagou o que não devia. Poucos dias depois,
a vítima viu o lobo jazendo em uma armadilha:
"Esta, disse ela, é a recompensa dada pelos deuses para a mentira."

A rã arrebentada e o boi

O fraco, quando quer imitar o poderoso, perece.
No prado, um dia, a rã avistou um boi
e, tocada pela inveja de tão grande corpulência,
inflou a pele rugosa; em seguida, perguntou
a seus filhos se já estava maior do que o boi.

Eles disseram que não. De novo, esticou a pele
com redobrado esforço e de modo semelhante quis saber
quem estava maior. Eles disseram que o boi.
Por fim, cheia de indignação, querendo inflar-se
mais ainda, morreu com o corpo arrebentado.

A raposa e o corvo

Quem gosta de ser louvado com palavras de engodo,
normalmente é punido pelo arrependimento e vergonha.
Um corvo tinha pegado um queijo de uma janela
e ia comê-lo, pousado em uma árvore,
quando uma raposa, ao vê-lo, assim pôs-se a falar com brandura:
"Oh! Mas que brilho, Corvo, há em tuas penas!
Que grande beleza revelas no corpo e no rosto!
Se voz tivesses, nenhuma ave te seria superior".
E aquele, de tolo, querendo ostentar a voz,
deixou cair do bico o queijo, que, com presteza,
a ardilosa raposa apanhou com seus dentes ávidos.
Foi aí então que a lograda estupidez do corvo gemeu.
Essa história prova o quanto o talento é poderoso;
Sobre a força, sempre prevalece a sabedoria.

A raposa e a águia

Os que estão em posição elevada devem temer os humildes
porque a vingança sempre é possível para a esperteza engenhosa.
Certa vez, uma águia pegou os filhotes de uma raposa

e os pôs em seu ninho para que servisse de alimento aos filhos.
A mãe foi atrás dela e começou a implorar-lhe
que não trouxesse tamanho sofrimento a uma pobre infeliz.
A águia não ligou, absolutamente segura do lugar de seu ninho.
A raposa então pegou uma tocha em chamas de um altar
e fez um círculo de fogo em torno da árvore,
ameaçando a inimiga com a dor da perda dos filhos.
A águia, para livrar os seus do perigo da morte
entregou, suplicante, para a raposa os filhos desta são e salvos.

A raposa e o bode

O homem esperto, quando se vê em perigo,
procura encontrar saída na desgraça alheia.
Uma raposa tinha caído acidentalmente em um poço
e ficou impossibilitada de sair devido à altura das margens;
chega, no mesmo lugar, um bode com sede.
Quando este perguntou se a água ali era boa
e abundante, aquela, maquinando uma tramoia, diz:
"Desce aqui, amigo; é tal a delícia dessa água
que minha vontade não consegue saciar-se."
O barbudo atirou-se lá dentro. Então a raposinha,
apoiando-se nos compridos chifres, evadiu-se
e deixou o bode preso no fundo do poço.

A raposa e a cegonha

A ninguém se deve fazer mal; mas se alguém prejudicar a outrem,

que pague na mesma moeda, adverte esta fabulazinha.
Conta-se que a raposa convidou a cegonha para um jantar
e pôs, em uma peça rasa de mármore,
uma papa líquida, que a cegonha, faminta,
de modo algum conseguiu saborear.
Quando esta, em retribuição, convidou a raposa, serviu
uma bilha cheia de alimento sólido. Metendo o bico nela,
a cegonha se sacia e tortura a convidada pela fome.
Dizem que, enquanto a raposa lambia em vão
o gargalo da bilha, a ave peregrina assim falou:
"Cada um deve suportar com o mesmo ânimo seus próprios exemplos."

A raposa e as uvas

Forçada pela fome, uma raposa tentava apanhar um cacho de uva
numa alta videira, saltando com todas as suas forças.
Como não conseguisse alcançá-lo, afastando-se, diz:
"Ainda não estás maduro; não quero comer-te verde".
Os que desdenham com palavras as coisas que não conseguem fazer,
deverão aplicar a si esse exemplo.

As rãs e o Sol

As concorridas núpcias de um ladrão, vizinho seu,
viu Esopo e, de imediato, começou a contar:
Como um dia o Sol quisesse casar-se,
as rãs ergueram para os astros uma gritaria.

Movido pelo barulho, quis Júpiter saber
o motivo da queixa. Então, uma das habitantes do pântano
disse: "Agora um sol só seca todos os lagos
e obriga as pobres de nós a morrer em seca moradia.
O que acontecerá então, se vier a ter filhos?".

As rãs e os touros

Os humildes sofrem quando os poderosos se desentendem.
Uma rã assistia do brejo a uma luta de touros.
"Ai!", disse ela, "que grande desgraça nos ameaça!"
Perguntada por uma outra por que dizia aquilo,
uma vez que eles disputavam a chefia do rebanho
e, além disso, os touros viviam sua vida longe delas,
respondeu: "Sim, nossa morada é separada e nossa espécie
é diferente; mas aquele que, expulso dos bosques, tiver de fugir,
virá refugiar-se nos secretos recessos de nosso brejo
e nos pisará e esmagará com suas duras patas.
Assim o furor daqueles tem muito a ver com nossas cabeças".

A vaca, a cabra, a ovelha e o leão

Nunca é fiel a sociedade com um poderoso.
Esta fábula atesta minha afirmação.
A vaca, a cabra e a ovelha sofredora de injustiça
tornaram-se sócias do leão nos bosques.
Como eles tivessem apanhado um cervo de enorme corpo,
feita a partilha, assim falou o leão:
"Eu pego a primeira; é minha porque tenho o título de rei;

A segunda, porque sou sócio, dareis a mim;
Em seguida, porque sou mais forte, me seguirá a terceira.
Será castigado quem puser a mão na quarta."
Assim, a improbidade acabou ficando com a presa toda.

A velha e a garota que gostavam do mesmo homem

Amem ou sejam amados, os homens são sempre espoliados
pelas mulheres: é o que aprendemos com este exemplo.
Amava a um certo homem de meia-idade uma mulher já vivida,
que, com sua elegância, ocultava os anos;
desse mesmo homem, uma bela jovem também tinha conquistado a afeição.
Ambas, querendo parecer iguais a ele,
começaram, alternadamente, a tirar-lhe os fios de cabelo.
O homem, imaginando estar sendo embelezado pelo cuidado das mulheres,
de repente ficou careca, pois a garota tinha arrancado
todos os cabelos brancos, e a velha, todos os pretos.

Bábrio

Maria Celeste Consolin Dezotti

O que se pode afirmar com segurança sobre esse fabulista que viveu muito provavelmente no século I é que ele tem nome romano e escreveu em grego dois livros de fábulas, cada um precedido de um prólogo, em que faz comentários sobre o gênero e destina seus versos ao jovem Branco, filho do rei Alexandre.

O Prólogo I compõe um contexto para o nascimento da fábula como poesia própria da idade de ouro, tempo em que havia comunicação entre todos os seres vivos:

De homens justos era a primeira raça,
ó Branco meu filho, à qual chamam áurea,
a ela, dizem, seguiu-se outra, argêntea;
e depois delas a terceira somos nós, férrea.
No tempo da áurea também os demais viventes
voz articulada possuíam e conheciam falas
tais quais nós nos dizemos uns aos outros,
e suas praças eram nos centros dos bosques.
Palestravam pinheiro e folhas de loureiro,

peixe nadador conversava com nauta amigo
e pardais se entendiam bem com lavrador.
Tudo brotava da terra, que nada pedia em troca,
entre mortais e deuses havia camaradagem.
Podes conferir e saber que assim eram as coisas
recorrendo a Esopo, o velho sábio que nos
comunicou fábulas em musa livre;
dessas cada uma floreei com minha bagagem
e agora vou te expor um melífluo favo de lótus:
de acerados iambos afeminei ásperas parcelas.

No Prólogo II, Bábrio atribui a invenção da fábula aos sírios, pondo-se de acordo com as descobertas arqueológicas que fazem remontar as mais antigas fábulas conhecidas à cultura mesopotâmica:

Fábula, aliás, ó filho do rei Alexandre,
é invenção de antigos homens sírios,
que viveram outrora no tempo de Nino e de Belo.
O primeiro, dizem, que as contou a filhos de gregos
foi o sábio Esopo; também aos líbios contou
fábulas Cibisses. Mas eu em renovada musa
apresento o mitiambo: com cabresto de ouro
equipei-o, como a um cavalo hoplita.
Tendo sido eu o primeiro a abrir a porta,
outros adentraram, e de musa mais douta
poesias produzem semelhantes a enigmas,
versados em nada além do que eu conheço.
Eu, ao contrário, fabulo em linguagem clara,
e dos iambos os dentes não agudizo;

antes, os aguilhões eu temperei bem e amansei,
e, pela segunda vez, é para ti o canto deste livro.

Esopo é referido nos dois prólogos: ele teria sido o primeiro a contar fábulas aos gregos, e o teria feito em "musa livre", isto é, em prosa. Bábrio, por sua vez, outorga-se o pioneirismo de compor em versos as fábulas esópicas. Para isso escolheu o iambo, tradicionalmente usado em poemas de caráter satírico, mas o iambo-fábula ("mitiambo") de Bábrio está "amansado", isto é, desbastado de suas farpas agressivas.

Muito se tem discutido a respeito da historicidade do príncipe Branco e do rei Alexandre. López Facal, no estudo introdutório às *Fábulas de Bábrio* publicadas pela Editora Gregos (Madri, 1975, p.287), alinha-se à concepção de que esse Alexandre era um rei da Cilícia (Síria), em cuja corte o poeta poderia ter atuado como preceptor de jovens da nobreza.

Sejam históricos ou fictícios esses nomes, o importante é notar que temos em Bábrio o primeiro registro da fábula como gênero destinado a jovens e revestido de finalidade pedagógica. O fabulista se apresenta como um poeta instruído que vai educar um jovem, e essa relação entre educador e educando se estende para além dos prólogos, reaparecendo também nos epimítios das fábulas, como se pode conferir, nesta antologia, na fábula "A gralha e as aves": vê-se que aí Bábrio continua a dialogar com o jovem príncipe, em uma situação que lembra uma sessão de contação de fábulas, que de certo modo antecipa aquela que nosso Monteiro Lobato vai criar séculos mais tarde. Esse contexto pedagógico de sua fábula explica em parte a ampla aceitação de sua obra na Antiguidade, que pode ser medida por seus inúmeros imitadores.

As traduções seguem o texto grego editado por B. E. Perry, que integra o volume *Babrius and Phaedrus* (Londres: Heinemann, 1975).

Fábulas

O abeto e o cardo

Rivalizavam entre si um abeto e um cardo.
E o abeto a si mesmo de muitas maneiras se gabava:
"Sou formoso e de tamanho considerável,
cresço na vertical, convivo com as nuvens,
sou vigamento do teto e quilha de barcos.
Como te comparas, espinheira, a uma árvore de tal porte?"
E o cardo disse ao abeto: "Se tiveres memória
dos machados que estão sempre a abater-te,
ser um cardo também tu escolherás de preferência".
Todo homem ilustre, muito mais do que os inferiores,
tanto obteve prestígio como suportou perigos.

O asno em pele de leão

Um asno estendeu sobre as ancas uma pele de leão
e presumiu que era temível para todos os homens.
Dava saltos e coices, causando a fuga dos homens
e também a fuga dos rebanhos todos.
Mas, com o sopro do vento, a pele de seu lombo
se despregou e ele se fez notar como asno.
E uma pessoa lhe disse, surrando-o com o porrete:
"Nasceste asno, não imites leão."

O asno que carregava sal

Um mascate que possuía um asno ouviu dizer
que no litoral o sal estava com bom preço,
e resolveu comprá-lo. Após carregar fartamente
o asno, tomou o caminho de volta. A viagem prosseguia
e de repente o asno sem querer resvalou em um riacho.
Como parte do sal se diluísse, ele se sentiu aliviado,
ergueu-se com facilidade e sem esforço chegou
à sua região, no interior. Após a venda do sal, de novo
o mascate levou o asno para carregá-lo com mais carga
e tornou a colocar sobre ele o fardo. E quando ele, afadigado,
ia cruzar a correnteza, justo onde caíra na vez anterior,
foi ao chão de propósito. Novamente a carga se dissolveu
e ele se ergueu leve, alegre como se tivesse lucrado alguma coisa.
Então o mascate pensou bem e, em uma outra vez, retornou
com uma carga ainda maior, mas de esponjas porosas,
extraídas do mar; do sal ele não quis mais saber.
E o asno, ao aproximar-se do córrego, matreiramente
caiu de propósito. Mas as esponjas a um só tempo
se encharcaram, a carga inteira aumentou de volume
e ele foi embora carregando um peso dobrado nas costas.
[Muitas vezes a gente se dá mal com aquilo com que um dia se deu bem.]

O boieiro e o leão

Um boieiro encontrava-se em uma grande floresta
à procura de um touro cornudo que ele havia perdido.

Então fez promessa às ninfas das montanhas
e a Hermes do pastoreio e a Pã, os deuses das cercanias:
ofereceria um carneiro, se apanhasse o ladrão.
Ao transpor o topo de um monte, vê o belo touro
feito banquete de um leão. Então o desditoso roga e jura
que também oferecerá um boi, se puder livrar-se do ladrão.
Segue-se daí que nós, ao que parece, aprendemos isto:
não dirigir aos deuses uma promessa impensada,
motivada por uma aflição momentânea.

O caçador e o leão

De um leão um caçador nem um pouco destemido
seguia as pegadas em densas florestas das montanhas.
Ao deparar com um lenhador junto de um alto pinheiro
disse: "Imploro-te, pelas ninfas, acaso tens notado
as pegadas de um leão que se entoca por aqui?".
E ele falou: "Mas há um deus em teu caminho!
Pois eu já vou te mostrar o próprio leão!".
Mas o outro, empalidecido, batendo os dentes
fala: "Não me favoreças além do que eu preciso,
diz só a pegada; não me mostres o leão".

A cadela que carregava carne

Uma cadela roubou carne de um açougueiro
e foi para junto de um rio. Na superfície da água
avistou o reflexo da carne em tamanho muito maior.
Então se desfez da carne e lançou-se sobre o reflexo.
Não encontrando o reflexo nem a carne que rejeitara,

pôs-se a trilhar faminta o caminho de volta.
[Insegura é a vida de todo homem insaciável
que se consome em vãs esperanças de negócios.]

O carvalho e o bambu

Um vendaval arrancou de um monte um carvalho pela raiz
e deu-o a um rio. Este ia arrastando entre a voragem
a planta gigantesca, dos tempos dos homens de outrora.
Havia em cada margem um denso bambuzal
que bebia da barranca do rio a água ligeira.
O espanto tomou conta do carvalho: como é que o outro,
leve demais e frágil, não tinha sido abatido,
enquanto ele, tão grande carvalho, se desenraizara?
Com sabedoria, o bambu falou: "Não há nada de espantoso!
Por enfrentares as rajadas de vento, foste vencido,
enquanto nós com nosso caráter maleável nos vergamos,
mesmo que um vento fraco nos agite no topo".
Assim disse o bambu. E o que a fábula deixa claro é que
não se deve enfrentar os poderosos, mas recuar.

O cavalo e o asno

Um homem tinha um cavalo e costumava conduzi-lo
ao seu lado, sem carga, e colocava o fardo
sobre um asno velho. Sentindo-se então muito cansado,
o asno se aproximou do cavalo e pôs-se a confabular:
"Se quisesses em meu benefício tomar uma parte do fardo,
rapidamente poderia revigorar-me. Do contrário, vou
morrer".

E ele disse: "Não vais prosseguir? Não me amoles!".
Ele a custo foi se arrastando, calado, mas, esgotado de cansaço,
caiu e jazeu morto, como havia predito.
Sem demora, para junto dele o dono trouxe
o cavalo, foi desatando o carregamento todo
e não só colocou sobre ele a albarda da azêmola
como pôs por cima a pele do asno, após esfolá-lo.
O cavalo dizia: "Ai de mim! que má decisão.
Aquele com quem eu não quis partilhar o pouco,
a necessidade o põe inteiro sobre mim".

O cervo na fonte

Um cervo adulto de patas velozes e chifres vistosos
pôs-se a beber água de um lago sereno.
Ao atentar ali em sua própria sombra,
entristeceu-se por causa do casco e das patas,
mas dos chifres, tão belos, envaideceu-se muito.
Mas ali se achava Nêmesis, que vela pelo mundo terreno.
E, de fato, de repente ele avistou caçadores
munidos de redes e cadelas de bom faro.
Ao vê-los, pôs-se em fuga, sem estancar a sede,
e cruzou vasta planície com lépidos passos.
Mas tão logo penetrou em densa mata,
enroscou os chifres nos arbustos e acabou caçado.
"O que é isso?", disse ele. "Pobre de mim, que engano!
Salvaram-me as patas, das quais eu sentia vergonha,
e traíram-me os chifres, dos quais eu me ufanava."
Quando fizeres um exame de teus próprios negócios,

por antecipação não consideres segura coisa nenhuma
nem, ao contrário, a menosprezes nem desanimes.
Às vezes, as convicções nos causam frustrações.

A cigarra e a formiga

No inverno, uma formiga arrastava de dentro da toca
o trigo para arejar, que ela havia estocado no verão.
Então uma cigarra faminta pôs-se a suplicar-lhe
que lhe desse algum alimento, para continuar viva.
"Ora, o que estiveste fazendo", disse, "nesse verão?"
"Não estive à toa. Ao contrário, passei o tempo todo a cantar."
A rir, a formiga vai guardando no interior o trigo
e diz: "Se flauteaste no verão, dança no inverno!".

O corvo e a raposa

Estava um corvo pousado com um queijo preso no bico,
quando uma raposa, cobiçando o queijo, matreira
logrou o pássaro com um palavreado assim:
"Ó corvo, tuas asas são belas, teu olhar é penetrante
e teu pescoço é digno de ser visto. Ostentas um peito de águia!
Com tuas garras, sobre todos os animais prevaleces.
Tu, um pássaro de tal porte, és mudo e não crocitas!".
O corvo, tocado no coração pelo encômio,
soltou da boca o queijo e ficou a emitir gritos.
E a espertalhona agarrou o queijo e com língua ferina
disse: "Tu não eras mudo! Ao contrário, tens voz!
Tens, ó corvo, tudo, tudo; só te falta juízo!".

Os dois embornais

Prometeu era um dos deuses, e um dos primeiros.
E foi ele – dizem – que plasmou da terra o homem
como senhor dos animais. E nele dois embornais
pendurou – dizem –, de vícios humanos
ambos repletos, os alheios no embornal da frente
e os pessoais no embornal de trás, que era bem maior.
Por isso – é minha impressão – as desgraças alheias
vemos com nitidez, mas ignoramos as de nossa casa.

Os filhotes da macaca

São dois filhotes que a macaca põe no mundo,
mas depois do parto não é mãe igual para ambos.
Um deles, sob o efeito de desventurada predileção,
ela sufoca, empolgada, em selvagens abraços,
enquanto se desfaz do outro, por supérfluo e inútil.
E esse, a viver no abandono, sobrevive.
Tal é o comportamento de tantos homens;
destes, prefere sempre ser inimigo e não amigo.

A galinha dos ovos de ouro

Como uma boa galinha botasse ovos de ouro,
o dono julgou que em seu interior encontraria
um enorme bloco de ouro, que ela estava parindo.
Ao sacrificá-la, descobriu que sua natureza era
em tudo semelhante à de todas as demais. Almejando obter

de uma só vez enorme bonança, ele se apressou
e ficou privado das pequenas vantagens.

A gralha e as aves

Íris, a mensageira do céu vestida de púrpura, certa vez
anunciou à instituição, na morada dos deuses, um concurso
de beleza para os seres alados. Por toda parte a notícia
correu logo
e de todos se apossou o desejo dos divinos prêmios.
De certa rocha inacessível a cabras gotejava uma fonte,
e a água armazenada era límpida, de verão.
Aí veio ter a raça de todos os pássaros:
eles lavavam seus rostos e suas canelas,
sacudiam as asas, penteavam os penachos.
Também àquela fonte veio ter um gaio,
velho, filho de uma gralha: fez apliques com
uma pena de um e outra de outro em seus ombros úmidos
– era singular seu adorno matizado, de penas de todos eles! –,
e rumou à morada dos deuses, mais ancho do que uma águia.
Assombrado, Zeus estava prestes a conceder-lhe a vitória,
se a andorinha, ateniense que era, não o desmascarasse,
sendo a primeira a arrancar-lhe uma pena.
Ele então lhe disse: "Não me delates!".
Mas nisso pôs-se a depená-lo a rola, o tordo,
a pega e a cotovia, que brinca nas sepulturas,
e o gavião espreitador de pássaros-filhotes;
As demais fizeram igual e ele como gaio se fez notar.
Filho, adorna a ti próprio com adornos que te pertencem,
pois se te sobressaíres com recursos alheios, serás despojado.

Héracles e o boieiro

Um boieiro vinha da aldeia, conduzindo sua carroça,
quando ela despencou no fundo de uma ribanceira.
Mesmo precisando de socorro, ele próprio ficou inerte
mas fez preces a Héracles, o único dentre todos os deuses
a quem ele prestava honras e reverências sinceras.
E o deus apareceu ao seu lado e falou: "Ajusta as rodas
e aguilhoa os bois. Faze pedidos aos deuses
desde que também faças alguma coisa; se não, pedirás em vão".

O homem de meia-idade e as amantes

Um homem que já estava na meia-idade
(não era jovem nem era um velhote, apesar
dos fios brancos mesclados em sua negra cabeleira)
ainda ocupava suas folgas com amores e festins.
Arranjou duas mulheres, uma nova e uma velha.
A garota buscava contemplá-lo como um jovem
amante, e a velha, como companheiro de senectude.
Assim, a cada ocasião, de seus cabelos a mocinha
pelava os fios embranquecidos que encontrava,
e a velha pelava os que encontrava negros,
até que o restituíram careca uma à outra,
pois cada uma arrancou um tanto de seus cabelos.
[Esopo, ao contar essa fábula, mostrou que
merece compaixão quem cai nas mãos de mulheres;
como o mar, elas nos afogam em meio a sorrisos.]

O lagarto e a cobra

Conta-se que ao meio do dorso arrebentou-se
um lagarto ao tentar igualar-se em tamanho a uma cobra.
Nada farás além de causar prejuízo a ti próprio
se aquele que te é bem superior tentares imitar.

O lavrador e a víbora

Uma víbora que estava morrendo por causa do frio
um lavrador acolheu e pôs-se a aquecê-la. Agarrada
à sua mão ela se estirou e, dando-lhe uma picada fatal,
matou justamente aquele que queria fazê-la reviver.
Ao morrer, ele disse uma frase digna de recordação:
"Sofro o merecido por ter me condoído de um malvado."

O leão e o onagro

Um onagro e um leão formaram uma sociedade de caça;
em força o leão era superior, mas o asno era melhor nas patas.
Quando conseguiram uma boa quantia de animais,
o leão faz a partilha, determina três porções
e diz: "Esta eu próprio pegarei em primeiro lugar,
pois sou rei; e pegarei também aquela
como sócio com direitos iguais. E a terceira, essa
irá causar-te um certo mal, se não quiseres fugir".
Mede a ti próprio. Nenhum negócio com homem
mais poderoso combines nem faças sociedade com ele.

O leão e o rato

Um leão caçou um rato e estava prestes a jantá-lo,
quando o desditoso ladrão devasta-casa, à beira da morte,
tais palavras pôs-se a murmurar suplicante:
"Cervos e touros chifrudos é o que convém a ti
caçar, e encher a pança com essa carne;
um rato como refeição nem para tocar a ponta
de teus lábios será suficiente. Mas imploro-te, poupa-me.
Apesar de pequenino, honrar-te-ei com um favor igual".
A rir, a fera deixou que o suplicante continuasse vivo.
E tendo caído nas mãos de jovens amantes da caça
foi apanhado na rede e, abatido, acabou amarrado.
Então o rato pulou sorrateiro de um buraco,
com os minúsculos dentes serrou o nó resistente e
soltou o leão. Beneficiado com o direito de contemplar a luz
o rato, ao salvar-lhe a vida, lhe deu justa recompensa.
A fábula é clara para os homens que raciocinam bem:
salvar os pobres, e não perder as esperanças neles,
se até um leão apanhado em armadilha um rato salvou.

O leão velho e a raposa

Um leão que já não mais tinha forças de ir à caça
(pois há muito tempo já adentrara a velhice),
no interior de côncava caverna jazia, feito pessoa
debilitada por doença, simulando respiração ofegante
e enfraquecendo por fingimento a voz grave.
Às moradas das feras chegou o rumor mensageiro;
todos se condoeram da enfermidade do leão

e, um por vez, iam lá para fazer-lhe uma visita.
A esses ele agarrava sem esforço, um após o outro,
e os devorava; acabava de descobrir opulenta velhice!
Então uma raposa sábia teve suas suspeitas e, à distância
detendo-se, perguntou-lhe: "Ó rei, como estás?".
E ele respondeu: "Salve, ó caríssima dentre as criaturas!
Por que não te aproximas? Ficas a fitar-me de longe!
Vem aqui, ó doçura, e com teus palavreados multicoloridos
consola-me a mim, pois minha morte está próxima".
"Estimo tuas melhoras!", diz ela, "e perdoa-me se estou de partida.
Impedem-me de entrar as pegadas de numerosos animais
e não tens como me apontar as de um único que tenha saído."
Venturoso é aquele que não enfrenta o malogro antes dos demais,
mas ele próprio procura aprender com as desgraças alheias.

O lobo e a ama

Certa ama campônia ameaçava o garotinho
que chorava: "Cala-te. Se não, eu te jogo para o lobo!".
Um lobo a ouviu e, presumindo que a velha a verdade
falava, ficou aguardando, à espera de uma pronta refeição,
até que a criança à tardinha adormeceu, enquanto ele
faminto e de boca escancarada – afinal, era lobo! – foi-se embora,
após ter tomado assento junto de folgadas esperanças.
Então a loba, sua companheira, perguntou-lhe:
"Como? Vieste sem nada trazer? Não era esse o teu costume!".
E ele falou: "Como, se eu dou crédito a uma mulher?".

O lobo e a raposa

Tendo caído nas garras de um lobo, uma pobre raposa
pediu-lhe que a deixasse viva, que não matasse uma anciã.
"Se me disseres três frases verdadeiras", diz ele,
"eu prometo por Pã que te deixarei viva!"
Então ela falou: "Primeiro, oxalá não me tivesses encontrado,
depois, oxalá fosses cego ao deparares comigo,
e, em terceiro lugar, tomara que os anos vindouros
tu não alcances. Não vás topar comigo novamente!".

O lobo e o cão

Um cão extremamente gordo encontrou-se com um lobo,
que se pôs a perguntar onde ele recebera tanta comida,
pois se tornara um cão enorme e cheio de banha.
"Um homem pródigo", disse o outro, "dá-me de comer."
"E o teu pescoço", disse, "como é que ficou pelado?"
"Está com a carne esfolada por causa da coleira de ferro
que meu tratador fez na forja e prendeu em mim."
Disse então o lobo, a fazer chacota: "No que me toca,
eu mando às favas essa vida de confortos,
ao preço de ter um ferro a esfolar-me o pescoço".

O lobo e o cordeiro

Um lobo certa vez avistou um cordeiro desgarrado
do rebanho e não investiu sobre ele para agarrá-lo à força;
antes, buscou encontrar um motivo de hostilidade bem arranjado.

"Foste tu que, ainda pequeno, no ano passado me injuriaste."
"Eu? A ti? No ano passado? Mas nem faz um ano que nasci!"
"Mas és tu que tosas a lavoura que é minha, não é?"
"Ainda não comi comida verde nem fui levado à pastagem."
"E acaso não tens bebido desta fonte em que eu bebo?"
"Até hoje a teta de minha mãe é que me inebria."
Nisso então ele agarrou o cordeiro e, devorando-o,
disse: "Mas tu não deixarás o lobo sem jantar,
ainda que habilmente me desmontes toda acusação".

O pássaro e o galo

Um amigo chegou de repente à casa de um passarinheiro,
quando ele se preparava para jantar aipo e segurelha.
Nada havia na gaiola, pois ele não havia ido à caça.
Ele teve o impulso de degolar uma perdiz sarapintada,
domesticada, que mantinha como chamariz de caça,
mas ela lhe pediu que não a matasse, suplicando assim:
"E depois, meu caro, o que farás com a rede,
quando fores à caça? Quem reunirá para ti
um vistoso bando de pássaros gregários?
Ao som de que melodia irás dormir?".
Ele então deixou a perdiz e foi decidido
apanhar um galinho de barbicha.
Mas ele, em seu poleiro, soou o cocoricó e disse:
"Como saberás quanto falta para o nascer da aurora,
se matares a mim, teu profeta das horas? Como saberás
se Órion do arco de ouro já completou seu curso?
E de tuas tarefas matinais quem te lembrará,
quando os pássaros têm as asas cobertas de orvalho?".

E o outro disse: "Tu és muito competente em horas,
contudo meu amigo ali precisa ter o que comer".

A raposa e as uvas

De negra videira que ladeava um monte, cachos de uva
pendiam, exuberantes. Avistou-os uma raposa
esperta que por várias vezes deu saltos
tentando com as patas tocar no rubro fruto
maduro, no ponto exato para a vindima.
Fatigando-se em vão, pois não conseguia tocá-los,
ela continuou seu caminho, disfarçando a dor assim:
"O cacho está verde, e não maduro, como eu supunha".

O rato do campo e o rato da cidade

Dois ratos – um que sobrevivia no campo
e o outro que se entocava em uma rica despensa –
decidiram compartilhar entre si seus modos de vida.
Primeiro foi o rato doméstico que chegou para jantar
no campo, quando a plantação floria verdejante.
Enquanto ia comendo minguadas e úmidas raízes
de grãos, misturadas em escuros torrões,
dizia: "Levas a vida de uma pobre formiga,
devorando no fundo da terra magros cereais.
Mas eu disponho de recursos em quantidade e de sobra;
comparado a ti, eu moro no corno de Amalteia.
Se vieres em minha companhia, te fartarás como quiseres.
Deixa para a toupeira o trabalho de escavar a terra!".
E levou embora o rato lavrador, após convencê-lo

a enfiar-se na casa do homem por baixo da parede.
Então lhe indicou onde ficava a pilha de mantimentos,
onde estava o estoque de grãos e as vasilhas de figos,
os jarros de mel e os cestos de tâmaras.
E ele, deliciado com aquilo tudo, encheu-se de estímulo e
quando foi arrastar de um cestinho um naco de queijo,
uma pessoa abriu a porta. Ele deu um salto, afastando-se,
e fugiu assustado para dentro do buraco estreito,
dando guinchos confusos e comprimindo o anfitrião.
Esperou um pouco, deu uma espiada lá fora e, então,
cuidou de apanhar um figo de Camiro.
Nisso outra pessoa chegou para pegar alguma outra coisa.
Eles se esconderam lá dentro da toca. Então o rato campesino
disse: "Trata de ser feliz e próspero, com tais jantares,
e delicia-te com esses abundantes manjares,
possuidor que és dessa fartura toda recheada de perigos.
Eu é que não me desfarei de meu humilde sustento
entremeado de raízes que eu como sem sobressalto".

O Sol e as rãs

As núpcias do Sol estavam ocorrendo no verão.
Os animais organizavam para o deus alegres festejos
e nos charcos também as rãs dirigiam coros.
Interrompendo-as, disse-lhes um sapo: "Não é de peãs
o momento que vivemos, e sim de cuidados e de aflição.
Pois ele, que é um só, já resseca todo o brejo,
que males não sofreremos se, depois de casado,
procriar um filhote igual a si?".
Muitas pessoas levianas em excesso se alegram
com coisas que não lhes proporcionam alegria alguma.

Aviano

Lucas Consolin Dezotti

As fábulas de Aviano são produto de uma época de transição. Escritas provavelmente nos primeiros anos do século V de nossa era (o mesmo século que verá mais tarde a queda do último imperador romano do Ocidente, marco histórico que define o início da Idade Média), elas representam um momento em que as antigas tradições são como que embaladas para viagem, revestidas por padrões estéticos e ideológicos que perdurarão por muito tempo.

Sobre Aviano não sabemos nada além do que ele próprio diz no prefácio de seu livro: que escreveu para preservar a memória de seu nome. De fato, foi apenas o que restou. Contudo, como era tradicional nos prefácios das obras na Antiguidade, ele também nos dá informações acerca do trabalho de composição, das influências, das concepções que nortearam a escrita desse livro.

Após a dedicatória a seu "grande amigo Teodósio" (que os pesquisadores acreditam ser Ambrósio T. Macróbio, cuja obra *Festas de Saturno* ou *Saturnales* consistem justamente em uma conversa erudita sobre literatura clássica), sua primeira atitude é mencionar os fabulistas anteriores, com destaque para Esopo ("criador desse gênero de histórias espirituosas que, sob a aparência de meras anedotas, tratam de temas da vida"), mas reconhecendo o trabalho de Bábrio e Fedro, talvez os únicos que antes dele haviam feito versões poéticas das fábulas esópicas.

Sim, porque, como eles, Aviano escreveu suas fábulas em forma de poesia, mas não o mesmo tipo de poesia: sua maior inovação foi ter utilizado uma métrica que até então era típica de um outro gênero, a elegia. Como na Antiguidade havia um verso adequado para falar de cada assunto, nesse movimento de abandonar o metro utilizado por Fedro e Bábrio (associado a assuntos pouco sérios) e adotar um padrão mais distinto (usado normalmente para falar do amor, da tristeza e da guerra) ele promove a fábula a um patamar mais nobre na escala da literatura. Isso possibilita, entre outras coisas, fazer alusões ou imitar trechos dos autores romanos mais prestigiados, sobretudo Virgílio e Ovídio, combinando em um mesmo produto duas tradições: a fábula moralizante e a grande poesia didática, pelo viés da elegia.

Ele também afirma no prefácio a confiança de que a obra vai servir para "divertir o espírito, exercitar a inteligência, aliviar as preocupações e conhecer em segurança todo o arranjo do viver". As palavras não são gratuitas. De fato, outra característica peculiar de Aviano é a recorrência, em toda a sua obra, de cenas de abuso de autoridade, castigos físicos e punições rigorosas representativas das relações de poder, que os pesquisadores associam ao contexto histórico em que ele vivia. Sabe-se, por exemplo, que as leis romanas desse período previam castigos corporais severos para muitos tipos de delito, incluindo tortura e mutilação. Nessa leitura romana do princípio cristão segundo o qual o corpo tem o valor sagrado de templo do espírito, atingir o corpo era a melhor forma de atingir a pessoa. Com isso, o caráter alegórico da fábula como que se converte em uma representação um tanto realista do "arranjo do viver" contemporâneo ao autor.

Nos séculos posteriores, Aviano se tornou livro obrigatório nas escolas. Sua presença constante em catálogos de bibliotecas escolares e em listas de autores recomendados aos professores mostra que, durante toda a Idade Média, a primeira forma narrativa com que os estudantes tinham contato, depois da alfabetização e das aulas de gramática, eram essas fábulas. Por meio delas, aprendiam como escandir versos e como recitar corretamente uma poesia em latim, além de receber as lições de moral que as fábulas sempre veicularam, com a vantagem de não trazerem nenhum apelo à vulgaridade ou à licenciosidade encontrada, por exemplo, em Fedro.

Portanto, embora seja negligenciado por parte dos estudiosos das letras latinas, Aviano é um autor de suma importância para a transmissão da fábula esópica na cultura ocidental. Prova disso é que suas fábulas constam da coleção *Mithologia Aesopica*, de Nevelet, publicada em 1610 e republicada em 1660, obra que La Fontaine utilizou como subsídio para suas composições. Se considerarmos que, nesse tempo, Bábrio ainda não era conhecido dos europeus, podemos pensar que todas as fábulas francesas que lembram as de Bábrio são, na verdade, inspiradas em Aviano.

A tradução que oferecemos buscou privilegiar o aspecto narrativo, o recorte das cenas e a força das oposições, que consideramos mais importantes para a apreciação das versões de Aviano para fábulas já então tradicionais. Ainda que, em latim, cada fábula fosse percebida claramente como poesia, preferimos não nos impor restrições de ordem métrica, o que não impediu que tentássemos, de vez em quando, propor soluções que, mesmo em prosa, promovam alguma cadência, algum ritmo à leitura. A edição do texto latino utilizada para a tradução é a de Robinson Ellis (*The Fables of Avianus*, with prolegomena, critical apparatus, commentary, excursus and index. Oxford: Clarendon, 1887).

Prefácio

Teodósio, meu grande amigo:

Enquanto eu decidia com que título literário preservar a memória de nosso nome, ocorreu-me a composição de fábulas, porque nelas se admite a falsidade, desde que bem elaborada, e a necessidade de verdade não é uma obrigação.

Afinal, quem falaria de oratória ou de poesia contigo, se em ambos os gêneros literários superas tanto os áticos no conhecimento da cultura grega quanto os romanos na pureza do latim?

Assim, saberás que o pioneiro na matéria foi Esopo, que, aconselhado pelo oráculo de Apolo de Delfos, criou histórias espirituosas para reforçar seus ensinamentos.

Justamente por servirem de exemplo, tanto Sócrates inseriu fábulas em suas obras divinas quanto Horácio as empregou em sua poesia, já que elas, aparentando ser meras anedotas, trazem lições de vida.

Bábrio, por sua vez, organizou dois volumes reescrevendo em iambos gregos, e Fedro distribuiu boa parte delas por cinco livrinhos.

Quanto a mim, parti de um antigo conjunto de fábulas, escritas em latim modesto, para compor as 42 deste livro, tentando refazê-las em versos elegíacos.

Assim, tens em mãos uma obra para divertir o espírito, exercitar a inteligência, aliviar as inquietações e conhecer em segurança todo o arranjo do viver.

É claro que fazemos árvores falarem, feras reclamarem com humanos, aves discutirem, animais darem risada, para que até mesmo os seres inanimados possam dizer o que pensam, conforme a necessidade de cada um.

O bezerro e o boi

Um bezerro bonito e contente por nunca ter sido atrelado
viu um boi arrastando o arado sem parar:
– Não te envergonha, boi velho, essa corda no pescoço,
sem conhecer o sossego que é viver livre de jugo,
quando eu posso correr solto pelos pastos da baixada
e para o bosque voltar sempre que quero sombra?
O velho boi, evitando se irritar com tais palavras,
prosseguia revolvendo aquele solo endurecido,
até que termina o serviço e, já solto na planície,
pode deitar sossegado nos tufos de grama alta.
Logo vê o bezerro amarrado, sendo levado ao altar
e com ele o sacerdote com o cutelo na mão. Então diz:
– Esta morte é a consequência do teu triste privilégio
de viver desobrigado do meu jugo cansativo.
Mais vale aguentar trabalhos, por mais pesados que sejam,
do que moço desfrutar de um ócio que é fatal.
Esta é a condição humana: o mais feliz tem morte rápida,
ao passo que os infelizes o dia a dia não deixa.

O burro vestido com pele de leão

Convém a todos ter noção de seu tamanho e contentar-se
com as próprias qualidades, sem usar os bens alheios,
para não virar motivo de piada quando for desmascarado
e passar a ostentar só os defeitos costumeiros.
Um burro encontrou por acaso a carcaça de um leão africano
e resolveu se vestir com a nova pele:
aos membros ajustou aquela roupa incompatível
e cingiu sua cabeça de tamanha distinção.
Mas sempre que um impulso assustador o dominava
e um vigor imaginário atingia-lhe os ossos preguiçosos,
ele saía dando coices pelo pasto e espalhava
os bois apavorados por toda a propriedade.
Então o camponês o reconhece por sua grande orelha
e o prende nas correntes e o amansa no chicote.
E enquanto vai despindo aquele corpo da pele roubada,
repreende o coitado do animal falando assim:
– Com esse rugido fajuto você até pode enganar ignorantes,
mas pra mim você sempre será o burrinho que era antes.

O cachorro e o leão

Um cachorro bem nutrido encontrou um leão exausto
e, segundo me contaram, disse, todo faceiro:
– Olha que cintura larga eu tenho, que couro grosso,
e quanto músculo desponta do meu peitoral de raça!
Para perto de suas mesas, depois de um belo cochilo,
os homens me levam e dão belos nacos de comida.
– Mas por que esse ferro maligno em tua gorda garganta?

– É pra impedir que eu me afaste da casa em que sou vigia.
E você, que anda sem rumo, passando fome nas matas,
até que uma presa incauta venha a cruzar teu caminho?
Por que não faz como eu? Dá teu pescoço à coleira
até merecer frequentar os banquetes suntuosos.
Na hora o leão deu um urro, profundamente indignado,
e com ânimo selvagem um nobre rugido emitiu:
– Vai lá! Entrega à corda teu pescoço merecedor!
Que tua fome compense essa dura condição.
Se da minha liberdade resulta uma toca vazia,
embora faminto, eu procuro comida onde eu quiser.
Entenda que esses banquetes só têm valor para aqueles
que puseram o apetite acima da liberdade.

O carvalho e o caniço

Vencido pelo intenso vendaval, pela raiz arrancado,
um carvalho despencou do alto da montanha.
A enxurrada que descia a vertente o recebe
e o arrasta para baixo em suas águas agitadas.
Mas quando sua grandeza é impelida contra as margens,
seu peso desmedido encontra pouso por entre juncos frágeis.
Assim que sentiu seus ramos tocando um capim tão ralo,
espantou-se ao ver que o caniço se sustenta em águas rasas:
ele próprio, com um tronco tão robusto, não parava de pé;
o outro, com um caule tão fininho, suportava as ameaças.
O caniço ciciante então responde, num suave sussurro
explicando como encontra segurança na fraqueza:
– Você faz pouco caso dos temporais e violentas ventanias,
e atingido por tais forças em conjunto assim tomba.

Já eu flerto sem pressa com os ventos que se insurgem
e, por mais leves que sejam, eu me curvo, precavido.
Por tua dureza, a nuvem negra irrompe em fúria;
por meu balanço, a brisa iludida se esvai.
Essa fala nos ensina a enfrentar as potências com brandura
e aos poucos superar as mais brutas ameaças.

A cigarra e a formiga

Quem passou na indolência a juventude
e não pensou em precaver-se contra as adversidades,
quando chega na velhice e a idade pesa,
ah! como vai pedir, em vão, auxílio aos outros.
Uma formiga separou para o inverno os frutos do trabalho
sob o sol e guardou em sua toca pequenina.
E quando a neve branca cobre a terra
e a roça desaparece sob um manto de gelo duro
não tendo que enfrentar com seu corpo o clima hostil,
ela colhe preguiçosa grãos fresquinhos no aconchego de seu lar.
Então chega uma pálida pedinte implorando alimento
(a mesma que perturbara o roçado com cicios):
é que, enquanto no terreiro debulhavam-se as espigas,
também ela trabalhava nos dias quentes cantando.
A formiga pequenina falou rindo pra cigarra
(pois a vida que levavam era sempre desse jeito):
– Meu sustento eu consegui através de muito esforço
e por isso, nesse frio, posso curtir meu descanso.
Já você só tem agora algumas horas pra dançar,
uma vez que desperdiçou tua vida inteira cantando.

Os dois companheiros e a ursa

Por vales tortuosos e serras desconhecidas,
um homem trilhava caminhos estreitos com um companheiro,
confiante de que juntos poderiam superar
qualquer dificuldade que o acaso lhes trouxesse.
E assim eles seguiam, jogando conversa fora,
quando, de repente, no meio do caminho surge uma ursa.
Logo o companheiro se agarra a um carvalho e sobe ágil,
ficando pendurado como um peso a chacoalhar no verde galho.
Já o homem sequer ameaçou dar mais um passo
e se deitou no chão, fingindo-se de morto.
Ávido, o selvagem animal correu até sua presa
e com suas garras curvas o coitado suspendeu.
Mas como os membros dele enrijeceram pelo medo
congelante
– pois seus ossos tinham perdido o calor normal da vida –,
a ursa acreditou que era um fétido cadáver e o largou,
apesar de estar faminta, indo embora pra sua toca.
Sentindo-se seguros, pouco a pouco os dois voltaram a falar,
e o que fugiu primeiro perguntou, zombando além da conta:
– Diga, parceiro, o que a ursa te contou enquanto você tremia?
Pois muito tempo ela passou falando baixinho contigo...
– Realmente ela me deu grandes ensinamentos,
principalmente este conselho, que eu vou seguir sempre
à risca:
"escolhe com cuidado as companhias,
se não quiser virar presa de uma fera novamente".

As duas vasilhas

Arrancadas do barranco a desabar, duas vasilhas
desciam lado a lado por um rio de insana correnteza.
Cada qual tinha uma origem diferente quanto à arte e à
natureza:
uma, forjada no bronze; outra, moldada no barro.
Também no padrão do movimento a frágil e a resistente
discordavam,
e aquele rio transbordante tinha um trajeto sinuoso.
Para evitar que uma trombada fizesse a outra em pedacinhos,
a de bronze jurava se manter o mais possível em sua rota.
Mas a de barro, temendo que o mais pesado machucasse o
que é mais leve
(mesmo porque não há acordo entre um pequeno e um
melhor), disse:
– Ainda que tuas palavras me passem tranquilidade,
não vão extinguir o medo que carrego em minha alma,
pois se a onda me jogar contra você ou vice-versa,
serei sempre eu a única a sofrer os dois desastres.

O lavrador e os bois

Um lavrador deixou atoladas na poça de lama
a lerda carroça e a parelha de bois, na vã confiança
de que suas promessas fariam os deuses
resolverem seu problema, com ele sentado.
Então, do alto do céu, respondeu o tiríntio regente
(o deus para quem tinha sido a promessa):
– Vai já incitar com a vara os bois esforçados
e aprende a ajudar as rodas preguiçosas com as mãos.

Só depois de se empenhar até o limite de tuas forças
será justo pedir aos deuses que lhe atendam os desejos.
Aprende a não mais fazer preguiçosas promessas aos céus,
mas ganha o favor dos deuses agindo por conta própria.

A nutriz e o menino

Certa vez a camponesa prometera ao menino que chorava:
se ele não ficasse quieto, viraria comida de um lobo raivoso.
O lobo ouviu e acreditou em tais palavras,
ficando ali postado em frente à casa a noite toda inutilmente,
pois logo o menino cansado entrega seus membros a um sono profundo,
acabando com a esperança – e não com a fome – do predador.
Ele volta à sua toca na floresta. Quando a loba,
sua esposa, o vê chegar faminto, lhe pergunta:
– Por que você não traz aquela presa de costume,
mas somente o rosto pálido e olheiras tão profundas?
– Não estranhe eu ter saído de boca vazia da tocaia,
depois que uma malévola mentira me enganou.
Afinal, que presa, que esperança você acha que haveria
se eu levei a sério promessas de nutriz?
Aceite essa lição e se sinta representado
qualquer um que acreditou na honestidade feminina.

A pata que botava ovos de ouro

Um homem tinha uma pata com um germe precioso:
os ovos que ela botava no ninho eram de ouro.

A natureza tinha uma lei para essa ave especial:
só podia fornecer uma dádiva por dia.
Mas o dono, temeroso de ver sua riqueza acabar,
não aguentou esperar tanto tempo pelo lucro:
calculou que obteria uma fortuna se a matasse,
achando que estava cheia de tal dádiva contínua.
Depois que a faca afiada rasga a pele e expõe as tripas
e ele vê que estão vazias dos embriões costumeiros,
chorou por ter se deixado enganar pela ilusão
(crime que lhe rendeu uma pena merecida).
Pois quem pede tudo aos deuses no primeiro contratempo,
com justiça eles lhe negam até o pão de cada dia.

O pinheiro e o espinheiro

Um belíssimo pinheiro provocava um horrível espinheiro,
num debate acalorado sobre suas aparências,
dizendo que achava indigno competir com uma planta
que nada tinha de bom que lhe valesse distinção:
– Vê meu corpo como cresce na direção das nuvens
e eleva até as estrelas meus cabelos eriçados;
eu fico nas popas largas que têm um banco no meio;
é em mim que se suspendem as velas que o vento enfuna.
Já você só tem espinhos e essa forma emaranhada,
sendo assim ignorado e desprezado pelos homens.
– Agora você se alegra porque enxerga só vantagens
e, arrogante, tira sarro das minhas imperfeições.
Mas quando o machado afiado cortar teus membros tão lindos,
garanto que você vai desejar ter meus espinhos.

A tradição indiana da fábula

Maria Valíria Aderson de Mello Vargas

Considera-se tradição indiana da fábula a que se inicia com os textos sânscritos da coleção *Pañcatantra*, "Cinco tratados", compilada por volta do século I, e que se expande por meio da versão árabe *Calila e Dimna* (século VIII), de Abdallah Ibn Al-Muqaffa', e das inúmeras versões elaboradas a partir desse texto.

Calila e Dimna, de fato, consiste em uma reelaboração da versão do *Pañcatantra* organizada por ordem do rei Khosru Anushirvan, da Pérsia (século VI), e registrada em *pehlevi*, sistema de escrita usado na época pelos persas. Deu origem à versão hebraica de Rabbi Joel, do século XII, que, por sua vez, serviu de modelo à versão latina de Jean de Capua (século XIII), fonte para outras em alemão, italiano e espanhol. Do século XII é também a mais antiga versão persa, que deu origem, no final do século XV, à obra *Anwâr-i Souhaili* (*The Lights of Canopus*), de Husain Ibn Ali, da qual se originou a versão francesa de David Sahid e Gaulmin, de 1644, intitulada *Livre des lumières ou la conduite des roys, composé par le sage Pilpay indien*, geralmente considerada como fonte principal de muitas das histórias de La Fontaine.

Este, no prefácio ao Livro VII de sua coleção de fábulas, revela que, a partir dali, buscaria inspiração no sábio indiano Pilpay. "Pilpay", ou "bidpay", é uma corruptela do termo sânscrito *vidyâpati*, "o senhor da sabedoria", um dos epítetos de Visnuçarman, o brâmane que, na coleção indiana, narra as histórias.

O *Pañcatantra* é, na verdade, um conjunto de modelos de comportamento transmitidos por meio de fábulas por Visnuçarman aos filhos de um rei. Compõe-se de cinco livros, independentes entre si, que se intitulam, respectivamente: I. *A desunião de amigos*; II. *A aquisição de amigos*; III. *A história do corvo e da coruja*; IV. *A perda do bem adquirido*; e V. *A ação inconsiderada*.

As fábulas do primeiro livro inserem-se na narrativa-quadro que traz a história de dois chacais, Karataka e Damanaka (em árabe, Calila e Dimna), ministros da corte, que vão promover a inimizade entre o leão (o rei) e o touro (ministro de confiança do rei). No Livro II, as fábulas têm o propósito de demonstrar como é vantajosa a união de todos e a ajuda mútua; no Livro III, há a descrição dos seis meios que um guerreiro deve aprender para escolher entre eles o mais adequado na situação de guerra; o Livro IV é uma espécie de advertência para que os homens se comportem com prudência e lucidez; e o Livro V apresenta, como principal fundamento, as más consequências resultantes de ações precipitadas e da falta de prudência no comportamento.

Na Índia, a tradição do *Pañcatantra* refletiu-se em outra coleção de fábulas sânscritas que também se propagou para o Ocidente. Trata-se de *Hitopadeça*, "Instrução útil", atribuída a Narayana e situada aproximadamente no século X. Das 46 fábulas que compõem essa outra coleção, 25 são originárias do *Pañcatantra*. Distribuem-se em quatro livros (*A aquisição de ami-*

gos, *A perda dos amigos*, *A guerra* e *A paz*), também narrados pelo brâmane Visnuçarman, com vistas à educação dos filhos do rei.

As narrativas que compõem os livros dessas coleções referem-se às matérias principais dos manuais de política e da vida prática da Índia antiga: economia, administração, técnicas diversas para a conduta apropriada na guerra, na paz, na vida diária. Por essa razão, as fábulas indianas são classificadas, nos manuais de literatura sânscrita, sobretudo como matérias do *nitiçastra*, "tratados sobre a conduta". São também definidas como *kathâ* (conversação, discurso, história inventada), *âkhyâyikâ* (narrativa curta) e *upâkhyânam* (relato, repetição de um evento, conto ou história subordinada à outra).

Na narrativa preambular, comum às duas coleções, informa-se que o brâmane Visnuçarman fora escolhido para instruir os jovens príncipes e que ele promete ao rei dotá-los de saber dentro de um prazo de seis meses. Cumpre então sua tarefa, narrando-lhes as histórias que compõem a coleção. É interessante notar que não se trata de meras antologias de fábulas. As histórias se encaixam umas nas outras e são permeadas por ditados e provérbios presentes nos mais diversos textos da literatura sânscrita. As histórias se agrupam, em cada um dos livros, em torno de uma só ação, apresentando vários aspectos da questão em debate.

Os dois níveis da fábula – a história e a moral da história – estão presentes no próprio entrelaçar das narrativas, que surgem muitas vezes em decorrência das lições ditadas, por exemplo, no *Código de Leis de Manu*. Mas, ao lado das histórias que comprovam a validade dessas lições, apresentam-se outras cujos conteúdos demonstram que os ensinamentos podem ser questionados, ou seja, que, na prática, prevalecem a esperteza, a inteligência, a perspicácia.

Assim, Visnuçarman ensina, por meio das fábulas, a moral secular, que pressupõe um mundo cheio de competição e a sobrevivência do mais esperto. Os ensinamentos de que se utiliza, presentes nos códigos de leis, funcionam como ditados e provérbios: conferem ao discurso uma espécie de autoridade indiscutível, proveniente da sabedoria dos antigos, mas, ao mesmo tempo, fazem pressupor que existe uma diferença entre essa sabedoria universal e a realidade social. Passam a funcionar como eficiente meio para quem procura afirmar a verdade de seus enunciados ou busca "fantasiá-los" de verdade, uma vez que se expressar por meio de fábulas foi e é, enfim, um dos recursos de organização discursiva frequentemente utilizado para dissimular a realidade, ou mesmo para dar-lhe um tom de verossimilhança.

O emprego incessante do discurso direto, por meio do qual os personagens revelam seu caráter e apelam para situações ou frases da sabedoria popular, reforça o tom de conversa e tende a resgatar mais fielmente a situação de enunciação. Além disso, a reiteração de certas expressões dialógicas, como por exemplo "*como foi isso?*", "*o que quer dizer isso?*", componentes das falas dos príncipes aprendizes e dos personagens das histórias, promovem o constante apelo ao engajamento pessoal do leitor/ouvinte. Ao lado de outras expressões como "*conta-se o que segue*", "*por isso eu digo*", presentes no discurso do narrador ou mesmo dos personagens que passam a narrar uma história, essas fórmulas aguçam a curiosidade, reiteram o tom de conversa e, sobretudo, provocam a interenunciação das narrativas, tornando explícito o fenômeno da intertextualidade.

Torna-se assim muito evidente a intencionalidade do emissor nessas fábulas; os meios que emprega na elaboração do discurso para alcançar seu objetivo são claramente revelados ao leitor/ouvinte e isso certamente contribui para a aceitabilidade do argumento. Essa organização discursiva das fábulas do *Pañcatantra*, que se repete no *Hitopadeça* e em tantas outras coleções de textos indianos, é marca essencial da oralidade e da intertextualidade e certamente consiste em uma das principais razões da permanência dessas histórias, algumas das quais chegam a Monteiro Lobato por meio de La Fontaine: "A menina do leite", "Os animais e a peste", "A garça velha".

Para ilustrar essas breves considerações sobre a tradição indiana, apresenta-se aqui uma série de fábulas do *Pañcatantra* e do *Hitopadeça*. As do *Pañcatantra* são apresentadas conforme aparecem nos livros da coleção, ou seja, inseridas na narrativa-quadro, para que o leitor perceba o entrelaçamento das histórias. As cinco do *Hitopadeça* ("O burro na pele de tigre", "O chacal azul", "O rato e o eremita", "A garça e o caranguejo" e "O leão, o corvo, o tigre, o chacal e o camelo") são expostas isoladamente, desvinculadas, portanto, da narrativa-quadro, e selecionadas principalmente para dar ao leitor a oportunidade de compará-las com versões de La Fontaine, Monteiro Lobato e outros fabulistas.

Duas das fábulas do *Pañcatantra* ("Os macacos e o pássaro" e "A fêmea do pardal e o macaco") inserem-se no conteúdo do primeiro livro, intitulado *A desunião de amigos*, cujo preâmbulo consiste no adágio: *A grande amizade que crescia entre um leão e um touro, na floresta, foi completamente destruída por um chacal maledicente e muito ambicioso.* Trata-se da história de um mercador que, ávido por aumentar suas riquezas, dirige-se a uma cidade distante para vender seus artigos, depois de ter jungido ao carro dois touros. No caminho, um deles, Sañjivaka, quebra a perna e o mercador é obrigado a deixá-lo ali mesmo, sob os cuidados de empregados que, julgando-o condenado à morte, logo o abandonam. Mas o touro, depois de certo tempo, recupera-se e passa a mugir tão alto que assusta o leão Pingalaka, rei da floresta. Dois chacais, Karataka e Damanaka, ex-ministros do leão, incumbem-se de apresentar o touro ao rei. Por meio de muitas fábulas intercaladas a essa narrativa central, mostra-se que a amizade entre o touro e o leão tornou-se tão forte que provocou a inveja do chacal Damanaka. Assim, este vai arquitetar um plano para pôr fim àquela amizade que, afinal, punha em risco a pretendida volta dos dois ex-ministros a seus cargos. Quando, por força das intrigas de Damanaka, o leão e o touro já se odiavam, Karataka tenta mostrar a Damanaka, por meio da narração das fábulas "Os macacos e o pássaro" e "A fêmea do pardal e o macaco", que a desavença provocada entre os dois amigos não produziria frutos.

A outra fábula, "O brâmane e o pote de farinha", intercala-se entre as histórias do quinto livro do *Pañcatantra*, intitulado *A ação inconsiderada*. A história-quadro mostra que um certo mercador, colocando em prática o que vira em sonho, bate na cabeça de um monge jainista e este se transforma em ouro, relíquia dos antepassados do mercador. Um barbeiro assistira à proeza e, ansioso por também conseguir ouro, mas muito mais ouro do que o outro, dirige-se a um mosteiro, onde fere e mata alguns monges. Por isso é condenado ao empalamento. Os juízes, para justificar sua decisão, contam-lhe a fábula de um brâmane, sua mulher e o mangusto, cujo escopo é mostrar o perigo da ação inconsiderada do brâmane que matara o mangusto sem antes refletir sobre a possibilidade de o animal ser inocente. Dentro dessa história, a esposa do brâmane conta-

-lhe outra sobre o castigo para quem quer sempre mais. Dentro dessa, narra-se a fábula do brâmane e o pote de farinha.

Na versão de La Fontaine para essa fábula, o brâmane já fora substituído por uma mulher, uma simples leiteira, Perrette, que vai vender o leite da vasilha que carrega sobre a cabeça. Acompanhando-se o trajeto das fábulas indianas para a França, localiza-se um ponto anterior à obra já citada de David Sahid, de 1644, provável fonte de La Fontaine. Trata-se de *Dialogus creaturarum optime moralizatus* (século XIII), de Nicolaus Pergaminus, cujo propósito era ensinar aos príncipes a moral cristã, por meio de exemplos tirados das antigas fábulas. Compreende-se facilmente a transferência da avidez do religioso da fábula original para uma leiteira, já que a cobiça de um religioso não seria recomendável na pregação cristã. A partir de então, encontramos a leiteira em muitas outras versões: sob a forma de dona Truhana, do famoso *El Conde Lucanor* (século XIV), obra de Juan Manuel; nos *Contes et Nouvelles*, de Bonaventures des Perriers (século XVI); no *Auto da Mofina Mendes*, de Gil Vicente; nos contos de Grimm etc. Um estudo detalhado do percurso dessa fábula rumo ao Ocidente pode ser encontrado no estudo "Sur la migration des fables" de Max-Müller, incluído em sua obra *Essais sur la mythologie comparée. Les traditions et les coutumes*, publicado em tradução francesa pela Libraire Académique (Paris, 1873). Monteiro Lobato, baseando-se em La Fontaine, narra sua versão para essa fábula em "A menina do leite".

Os textos originais do *Pañcatantra* em alfabeto *devanagari*, utilizados para a tradução, encontram-se nas edições de G. Büller, publicada em 1891 (Bombay Sanskrit Series), e de M. R. Kale, publicada em 1991 (primeira edição de 1912) pela editora Motilal Banarsidass, em Delhi, Índia. Os do *Hitopadeça* encontram-se na obra de M. R. Kale (Motilal Banarsidass, 1980, primeira edição de 1896). Foram utilizados para cotejo os textos em *devanagari* da obra de C. R. Lanman (*A Sanskrit Reader*) e as traduções de M. L. F. Miazzi (*Hitopadexa*. São Paulo: FFLCH-USP, 1976) e de J. B. Stela (*Hitopadexa, tradução completa da célebre coleção de fábulas indianas*. São Paulo, 1980).

Na tradução das fábulas para o português, destacam-se em itálico os ensinamentos, que, no texto original, são expressos em versos.

Fábulas

O burro na pele de tigre

Existia em Hastinapura um tintureiro chamado Karpuravilasa, cujo burro estava fraco e prestes a morrer, devido ao excesso de peso que carregava.

Por isso o tintureiro, cobrindo o burro com uma pele de tigre, deixou-o em um campo de trigo, próximo a uma floresta. Ao vê-lo de longe, os donos do campo, pensando que fosse um tigre, rapidamente fugiam. Assim, ele comia do trigo prazerosamente.

Um dia, porém, certo guarda do campo armou-se de arco e flecha, cobriu-se com uma manta parda e pôs-se a um canto, com o corpo curvado. Vendo-o de longe, o burro, que já recuperara a força e estava gordo, pensou: "Aquilo é uma mula!". Então deu um forte zurro e correu em direção ao outro. O guarda do trigo, percebendo que era um burro, matou-o com facilidade.

Por isso eu digo:

Um homem estúpido, que observa o silêncio longamente, vê a felicidade.
Um burro, coberto com a pele de tigre, foi morto devido a seu zurrar.

O chacal azul

Era uma vez um chacal que, certo dia, errando pelas vizinhanças de uma cidade, caiu em uma tina de anil. Sem poder sair, ali permaneceu e, ao despontar do dia, fingiu-se de morto. O dono da tina, então, pensando que ele estava morto, tirou-o dali e levou-o para longe, abandonando-o.

Assim, caminhando para o bosque e percebendo que seu corpo estava azul, pensou: "Agora, tenho uma excelente cor. Por que não tirarei proveito disso, engrandecendo-me?". Convocou, em seguida, os outros chacais e disse:

"A divindade dos bosques, com a própria mão e usando o sumo de todas as plantas, ungiu-me rei da floresta. Observem minha cor. A partir de hoje, o governo desta floresta está sob minhas ordens."

Os chacais, vendo sua cor tão distinta, fizeram-lhe profunda reverência, dizendo:

"Como Vossa Majestade ordena".

Desse modo, obteve, pouco a pouco, a soberania sobre todos os habitantes da floresta e, tendo escolhido leões, tigres e outros animais nobres para sua comitiva, passou a desprezar os de sua espécie, afastando-os da corte.

Então, um velho chacal, vendo os outros chacais consternados, propôs-lhes: "Não vos desespereis, porque esse ignorante nos afastou de sua corte, nós que somos hábeis na política e conhecemos seu segredo. Trabalhemos, pois, para dar cabo dele. Já que os tigres e os outros animais, iludidos por sua cor, não o reconheceram como chacal e o julgam soberano, vamos fazer que ele seja descoberto. Para isso, deve-se fazer o que digo: no pôr do sol, soltareis ao mesmo tempo um forte uivo perto dele. Levado pelo instinto da espécie, ele também uivará ao ouvir o som, pois: *É difícil superar a natureza inerente a cada um. Se um cão tornar-se rei, por acaso deixará de roer sapatos?* Assim, um tigre reconhecerá o uivo e acabará com ele".

Tendo feito isso, aconteceu o que foi previsto.

Por isso é que se diz:

Um inimigo doméstico conhece tudo, nosso ponto fraco, nossa força, e penetra em nosso íntimo; como um fogo escondido destrói uma árvore seca.

Então, eu digo:

Aquele que abandona seu próprio povo, devotando-se ao partido inimigo, é louco, é destruído pelos inimigos, exatamente como o chacal azul.

O rato e o eremita

Havia, na floresta de Gautama, um asceta chamado Mahâtapa. Ele viu, certo dia, perto da ermida, um filhote de rato que caíra da boca de um corvo. Compadecido, alimentou o ratinho com grãos de arroz.

Em certa ocasião, viu um gato que queria comer o rato. Por força de sua penitência, transformou o rato em um forte gato. Como o gato tem medo de cachorro, transformou o rato novamente, agora em cachorro. Como o cachorro tem medo de tigre, transformou-o em tigre.

O asceta, entretanto, tratava o tigre como se fosse rato e os habitantes do lugar diziam:

"Foi esse asceta que transformou o rato em tigre!".

Ouvindo isso, o tigre pensou: "Enquanto esse asceta for vivo, não desaparecerá a história infamante de minha verdadeira natureza".

Assim pensando, resolveu matar o asceta. Este, entretanto, percebendo aquela intenção, disse:

"Transforma-te novamente em rato!".

E assim aconteceu.

Por isso eu digo:

O ignóbil, tendo alcançado uma posição honrosa, tenta contra seu amo, exatamente como o rato que chegou a ser tigre e quis matar o asceta.

A garça e o caranguejo

No país de Malava, existe uma lagoa chamada Padmagarbha, em cujas margens permanecia uma velha garça que havia perdido a força e fingia-se triste.

Vendo-a à distância, um caranguejo perguntou-lhe:

"Por que a senhora não procura alimentar-se?".

Ela respondeu:

"Os peixes são meu meio de subsistência, mas ouvi, nas redondezas da cidade, que os pescadores virão aqui para matá-los. Por isso, estando próxima minha morte por inanição, não me preocupo mais em buscar alimento".

Os peixes, que ouviram isso, refletiram: "Esta garça parece querer ajudar-nos. Vamos perguntar-lhe o que devemos fazer, pois: *Deve-se fazer aliança com o inimigo que nos beneficia, não com o amigo que nos prejudica; de fato, entre benefício e malefício, há considerável diferença*".

Os peixes disseram:

"Ó garça, de que modo poderemos salvar-nos?".

Ela respondeu:

"O meio de salvação é passar para o outro lago e eu mesma poderei levá-los, um a um".

Os peixes, amedrontados, disseram:

"Que assim se faça".

Então a malvada garça, levando os peixes, um de cada vez, para um certo lugar, comia-os. Quando voltava, dizia aos outros:

"Eu os coloquei em um outro lago".

Certo dia, o caranguejo pediu:

"Ó garça, leva-me também para lá".

Desejosa de comer a carne do caranguejo, a garça levou-o respeitosamente e o colocou em terra firme. Vendo o solo coberto das espinhas dos peixes, o caranguejo pensou: "Ai de mim, infeliz, estou morto! Pois bem, farei o que exige a circunstância, pois é assim que se ensina: *Deve-se temer o perigo enquanto ele não chega, mas, tendo-o visto chegar, combate sem medo.* E, ainda: *Quem é prudente, quando atacado, não vê nenhuma salvação para si; então morre combatendo ao lado do inimigo*".

Pensando dessa forma, o caranguejo cortou o pescoço da garça e ela morreu.

Por isso eu digo:

Depois de comer muitos peixes, grandes, médios e pequenos, uma garça, por excessiva avidez, morreu por uma mordida de caranguejo.

O leão, o corvo, o tigre, o chacal e o camelo

Habitava em uma selva um leão chamado Madotkata, que tinha três servos: um tigre, um corvo e um chacal.

Um dia, vagando, os três viram um camelo, que se perdera de uma caravana, e lhe perguntaram:

"Quem és tu e aonde vais?".

O camelo contou-lhes sua história.

Em seguida, os três o levaram à presença do leão, que prometeu ao camelo garantia de vida e lhe deu o nome de Citravarna.

Certa vez, diante da enfermidade do leão e da falta de chuvas, ficaram aflitos, pois não encontravam o que comer. O tigre, o corvo e o chacal então pensaram: "Achemos um jeito de levar nosso amo a matar Citravarna. Afinal, para que serve um comedor de cordas?". O tigre disse:

"Mas ele está entre nós porque o amo lhe deu garantia de vida; o que poderemos fazer?".

O corvo disse:

"Nesta circunstância, em que o amo está prestes a morrer de fome, não temerá cometer um pecado, pois: *A mulher esfomeada abandona até o filho; a serpente esfomeada devora o próprio ovo. Que pecado comete um esfomeado?* E também: *O bêbado, o negligente, o demente, o aflito, o colérico, o fanático, o cobiçoso, o tímido, o angustiado e o libertino não têm lei*".

Depois de assim ponderar, foram até o leão, que lhes perguntou:

"Encontraram alguma coisa?".

O corvo respondeu:

"Ó rei, embora tenhamos procurado, nada encontramos".

"Como viveremos agora?", perguntou o leão.

O corvo respondeu:

"Por não querermos aproveitar o alimento que está ao nosso alcance, estamos ameaçados de morrer".

"Que alimento é esse?", perguntou o leão.

O corvo disse-lhe ao ouvido:

"Citravarna".

O leão, enfurecido, tocou as orelhas, depois a terra, e disse:

"Como pode ser, se permitimos que ele ficasse aqui com promessa de segurança? Assim se ensina: *Nem o dom de uma vaca, nem o dom da terra, nem o dom do alimento, nem o dom de si mesmo, como dizem, é o grande dom. Dentre todas as dádivas, a melhor é a da segurança.* E, ainda: *O fruto do sacrifício de um cavalo, pelo qual se obtém o desejo, é alcançado por quem dá proteção ao temeroso que busca refúgio*".

O corvo disse:

"Senhor, não o matareis. Agiremos de modo que ele mesmo ofereça o próprio corpo".

Ouvindo isso, o leão calou-se.

Em seguida, o corvo, escolhendo o momento certo, preparou uma estratégia e foi com todos à presença do leão. Então, disse:

"Ó rei, não encontramos o alimento e estais atormentado pelo longo jejum, portanto alimentai-vos, de algum modo, de minha carne, pois: *O Estado tem suas raízes no rei e o trabalho dos homens obtém fruto somente das árvores que têm raízes*".

"É melhor morrer", disse o leão, "do que fazer isso!"

O chacal também se ofereceu, ao que o leão também se recusou.

O tigre disse:

"Viva meu rei, comendo meu corpo".

"Nunca!", disse o leão.

Finalmente, Citravarna, animando-se com o que vira, ofereceu-se também. No mesmo instante, diante de tal oferecimento, o tigre o matou, dilacerando-lhe as entranhas, e todos se alimentaram dele.

Por isso eu digo:

Em verdade, vacila o espírito dos bons pelos ditos dos maus, e quem se fia neles morre como Citravarna.

O brâmane e o pote de farinha

Em certa cidade morava um brâmane chamado Svabhavakarpana. Ele enchera um pote com a farinha de arroz que recebera de esmola e lhe sobrara das refeições. Pendurou o pote em um gancho pregado na parede acima de sua cama. Sem tirar os olhos do pote, não se cansava de contemplá-lo.

Certa noite, quase adormecido, ele pensou: "Este pote já está cheio; se, por acaso, houver falta de recursos, então vou vendê-lo, alcançarei uma centena de rúpias e com essa quantia comprarei um casal de cabras. E, como elas procriam de seis em seis meses, formarei um rebanho. Com as cabras, então, comprarei muitas vacas e com as vacas comprarei fêmeas de búfalos e com elas, éguas. Quando estas procriarem, terei muitos cavalos. Com a venda deles, obterei muito ouro. Com o ouro, comprarei uma casa de quatro quartos. Depois, um brâmane virá à minha casa e me dará em casamento uma filha bela e rica, provida de um dote. Dela terei um filho a quem darei o nome Somaçarma. Quando ele já estiver crescido e for capaz de balançar sobre meus joelhos, eu tomarei um livro e, sentado atrás do estábulo dos cavalos, estudarei. Entretanto, Somaçarma me verá e, querendo balançar em meus joelhos, escapará do colo de sua mãe e virá para perto de mim, aproximando-se dos cascos dos cavalos. Então, cheio de raiva, gritarei para minha mulher: 'Pega, pega rápido o menino!'. Ela, porém, ocupada com os afazeres domésticos, não ouvirá minhas palavras. Então, levantando-me, darei nela um pontapé".

Desse modo, envolvido completamente naquele pensamento, ele lançou um tal pontapé que acertou o pote e o quebrou. Svabhavakarpana tornou-se, assim, todo branco com a farinha que caiu sobre ele.

Por isso, eu digo:

Aquele que constrói um projeto irrealizável, impossível, torna-se branco em seu leito como o pai de Somaçarma.

Karataka contou:

Os macacos e o pássaro

Em uma região montanhosa, havia um bando de macacos. Certa vez, no tempo do inverno, eles não encontravam conforto de modo nenhum; feridos pela queda da chuva destruidora, seus corpos tremiam com o sopro irritante do vento. Por isso, alguns deles, tendo colhido frutos *guñjâ*, que se assemelham a faíscas de fogo, passaram a soprar os frutos, desejosos de obter calor. Então o pássaro chamado Sucimukha, percebendo o esforço deles, disse ao bando:

"Puxa! Vocês são todos uns tolos. Essas faíscas não são brasas, são frutos *guñjâ*. Para que essa canseira em vão? Não é assim que se dará a proteção contra o frio. Vocês devem procurar na floresta algum lugar livre do vento, uma caverna ou um vale na montanha. Além do mais, já se avista uma ruidosa nuvem".

Então um deles, um velho macaco, disse ao pássaro:

"Ei, por que essa preocupação de sua parte? Você deve afastar-se, pois se diz: *Aquele que é sábio, que deseja o bem-estar de si mesmo, não deve dirigir-se ao jogador vencido, que foi interrompido várias vezes em seu trabalho.* E, ainda: *Aquele que é tolo, que se dirige ao caçador em sua angústia inútil ou ao simplório, que permanece na desgraça, alcança a ruína*".

O pássaro, sem dar atenção ao que ouvia, pôs-se a dizer aos macacos repetidamente:

"Ora, por que a angústia em vão?".

Como de modo nenhum ele parasse de falar, um macaco, já zangado por cansar-se sem necessidade, agarrou-o pelas duas asas, arremessou-o contra uma rocha e, assim, ele morreu.

Por isso eu digo:

Um pedaço de madeira que não pode ser dobrado não se dobra; o uso da navalha não tem efeito em uma rocha; não se ensina a quem não quer ser discípulo.

E, ainda:

Instrução aos tolos certamente leva à raiva, não à tranquilidade; o leite bebido pelas serpentes apenas aumenta seu veneno.

E, além disso:

Conselho não deve ser dado a ninguém, seja quem for; um pássaro de bom ninho passou a ser um sem casa por causa do macaco tolo.

Damanaka perguntou:

"Como foi isso?"

Karataka contou:

A fêmea do pardal e o macaco

Havia, em um certo lugar da floresta, uma árvore *çamî*. Em um de seus galhos pendentes, habitava um casal de pardais silvestres, que ali fizera o ninho. Certa vez, quando ambos já se tinham recolhido, uma nuvem de inverno aos poucos começou a despencar. Nisso, um macaco, castigado pelo vento e pela forte chuva, com o corpo eriçado, tremendo, batendo os dentes, aproximou-se da base daquela árvore e ali se abrigou. Então a fêmea do pardal, observando-o em tal situação, disse:

"Meu caro senhor, ouça o que se diz: *Provido de mãos e pés és visto como a figura de um homem. És castigado pelo frio; por que então não fazes uma casa?*".

Ouvindo isso, o macaco, cheio de cólera, retrucou:

"Mulher vulgar! Por que não observa um voto de silêncio? É muita audácia de sua parte zombar de mim".

E pensou:

Bico de agulha, perversa, incapacitada, pretensa sábia; não pensa ao falar. Onde estou que não a mato?

Então, dirigiu-se novamente a ela:

"Que tolice! Por que essa preocupação comigo? Ensina-se por aí: *Deve-se falar quando há consideração e especialmente quando se é questionado. Aquilo que se diz quando falta respeito compara-se ao choro em uma floresta.* Logo, abreviemos isso".

Assim, por ter sido tão atormentado por ela, o macaco subiu naquela árvore *çamî* e destruiu o ninho, fazendo-o em cem pedaços.

Por isso eu digo:

Conselho não deve ser dado a ninguém, seja quem for; um pássaro de bom ninho passou a ser um sem casa por causa do macaco tolo.

"Dessa forma, seu tolo", diz Karataka, "embora tenha sido agraciado com o conhecimento, você não aprendeu. Porém a culpa não é sua, pois o conhecimento leva à virtude do sábio, nunca do vilão. E se diz: *Para que serve, de fato, a sabedoria quando é usada no lugar errado? É como uma luz colocada em um jarro encoberto pela escuridão.* Portanto, aplicando-se à sabedoria inútil e não ouvindo minhas palavras, você não conquista a própria tranquilidade, pois se diz: *Certamente, não avalia sua própria desgraça o tolo que se satisfaz com a ruína alheia. Como regra geral, quando a cabeça perece no início da batalha, o resto do corpo dança.* Ah! É com sabedoria que se afirma: *Aquele que tem a mente virtuosa e o que tem sentimentos vis, conheço-os muito bem. Devido à sabedoria inútil, o pai, por causa do filho, foi desmascarado pela fumaça.*"

Damanaka perguntou:

"Como foi isso?"

Karataka contou: [narra-se, em seguida a fábula "Os dois amigos", e dentro dela outra, "A garça, a serpente, o caranguejo e o mangusto", e assim por diante.]

La Fontaine

Maria Letícia Guedes Alcoforado

Jean de La Fontaine nasceu em 1621, em Château-Thierry, França, e aí passou grande parte de sua juventude. Aos 20 anos, foi estudar em Paris, onde frequentou um círculo de jovens poetas. Ao longo de todos esses anos não se descuidou da leitura: leu os romances medievais, os contos italianos e franceses e foi grande admirador dos autores do século XVI e dos Antigos, que virão a ser seus modelos.

Em 1658, aos 37 anos, instalou-se definitivamente em Paris. Era ainda um desconhecido, autor de poucos versos. Logo, porém, suas poesias se multiplicaram e ele começou a impor-se.

Dez anos mais tarde, em 1668, lançou a primeira coletânea das *Fábulas* (*Fables choisies mises en vers*), que teve um sucesso extraordinário: seis edições em dois anos. Das 124 fábulas que compõem a obra, uma centena segue a tradição de Esopo. O segundo conjunto de *Fábulas* data de 1678-1679 e difere sensivelmente do primeiro. Apenas um terço das peças provém da tradição esópica. O próprio La Fontaine reconheceu que devia a maior parte dos temas ao indiano Pilpay, o qual viveu no século IV a.C. Um terceiro e último conjunto de *Fábulas* apareceu em 1694, alguns meses antes da morte do poeta, a 13 de abril de 1695. O sucesso de suas *Fábulas* é comprovado pelas inúmeras edições que foram feitas: 125 no século XVIII e 1.200 no século XIX.

No Prefácio de sua obra, La Fontaine menciona os fabulistas antigos: Esopo, Fedro e Aviano. Como Fedro, ele também sugere que a medida de valoração de seus versos sejam o conteúdo e a utilidade. Refere-se à fábula como "apólogo" e afirma que ele tem um corpo (a "fábula", isto é, a narrativa) e uma alma (a "moralidade", isto é, a mensagem moral). Como Bábrio, defende a adequação das fábulas para a formação das crianças, tendo também ele destinado as suas "À Monseigneur le Dauphim", em um poema-dedicatória cujos versos iniciais dizem assim:

> *Eu canto os heróis cujo pai é Esopo,*
> *multidão cuja história, ainda que mentirosa,*
> *contém verdades que servem de lições.*
> *Tudo fala em minha obra, até mesmo os peixes.*
> *O que eles dizem se destina a todos quantos somos.*
> *Eu me sirvo dos animais para instruir os homens.*

Encontram-se comentários de La Fontaine sobre o gênero fábula também no interior de seus poemas. É o que se pode verificar, nesta antologia, na fábula "O Pastor e o Leão", cujos vinte versos iniciais discorrem sobre o teor didático do gênero, suas características formais, a tradição dos fabulistas greco-latinos e os expedientes possíveis de personalização no ato de recontar uma fábula.

A propósito, o leitor de La Fontaine deve atentar ao emprego extraordinário que o poeta faz das letras maiúsculas, do qual se tem um pequeno exemplo no título da fábula citado no parágrafo anterior, em que nomes comuns como "pastor" e "leão" são alçados à condição de nomes próprios e, portanto, ganham um traço de individualidade. Jean-Pierre Collinet, na "Nota" para a sua edição do primeiro volume das *Obras completas* de La Fontaine (Fables, contes et nouvelles), abrigado na Bibliothéque de la Pléiade (Paris: Gallimard, 1991, p.clxxviii), observa que o uso abundante de maiúsculas pelo poeta, tanto nas fábulas como nos contos, representa uma dificuldade para os editores desses textos. Nos *Contos*, diz ele, a aplicação de regras modernas não traz inconvenientes, mas nas *Fábulas* a eliminação de maiúsculas pode lhes trazer prejuízo. Por isso, ele optou por conservá-las, por exemplo, nos nomes de animais que desempenham algum papel no enredo da fábula. As traduções desta coletânea se baseiam no texto francês dessa edição e reproduzem as maiúsculas preservadas por Collinet.

Reitera-se, ainda, que se deve a La Fontaine a divulgação no Ocidente de uma narrativa biográfica sobre Esopo, produzida na Idade Média e em geral atribuída ao monge bizantino Máximo Planudes, a qual La Fontaine recontou em prosa e fez publicar como proêmio de sua coleção de fábulas.

Fábulas

A Águia e a Coruja

A Águia e a Coruja deram por encerradas suas disputas,
E terminaram por se beijar.
Uma jurou com palavras de Rainha, a outra com palavras de
Coruja,

Que uma não comeria os filhos da outra, nem pouco nem muito.
"Você conhece os meus?", perguntou o Pássaro de Minerva.
"Não", disse a Águia. "Tanto pior", continuou a Ave agourenta.
"Nesse caso, temo pela vida deles:
Só por acaso os conservarei.
Como você é Rainha, você não considera
Nem as pessoas nem as coisas: Reis e Deuses colocam, não importa o que se lhes diga,
Tudo na mesma categoria.
Adeus meus Filhotes se você os encontrar."
"Descreva-os para mim", disse a Águia, "ou então mostre-os.
Nunca tocarei neles."
A Coruja replicou: "Meus Filhos são mimosos,
Belos, bem-feitos e mais bonitos que todos os seus companheiros.
Você os reconhecerá sem dificuldade com essa descrição.
Não vá esquecê-la; guarde-a de tal modo
Que em minha casa a maldita Morte
Não entre por seu intermédio".
Aconteceu que, à Coruja, Deus deu filhos,
De modo que, em uma bela noite em que ela buscava alimento,
Nossa Águia viu por acaso,
Nos cantos de uma rocha dura,
Ou nos buracos de um casebre
(Não sei em qual dos dois),
Pequenos monstros, muito feios,
De cara franzida, um ar triste, uma voz de Megera.
"Estes pequenos não são", disse a Águia, "de nossa amiga.

Vamos comê-los. Ela não fez isso pela metade.
Suas refeições nunca são superficiais."
A Coruja, de volta, só acha os pés
De seus queridos Filhotes, pobrezinha!, como única sobra.
Ela se lamenta e os deuses são invocados
Para punir o bandido que é causa de seu luto.
Alguém lhe diz então: "Não acuse senão você mesma,
Ou antes a lei comum,
Que quer que se ache seu semelhante
Belo, bem-feito e entre todos amável.
Você fez à Águia esse retrato de seus filhos.
Tinham eles o menor desses traços?".

O Aldeão e a Serpente

Conta Esopo que um Camponês,
Tão caridoso quanto pouco ajuizado,
Passeando em um dia de inverno
Ao longo de suas terras,
Percebeu uma Serpente estendida sobre a neve,
Transida, gelada, impotente, imóvel,
Não tendo mais que um quarto de hora para viver.
O Aldeão toma-a, leva-a para sua casa,
E, sem considerar qual será o pagamento
De uma ação tão meritória,
Estende-a junto à lareira,
Esquenta-a, ressuscita-a.
O Animal entorpecido apenas sente o calor,
Sente a vida lhe voltar e, com ela, a cólera.
Levanta um pouco a cabeça e silva de imediato;

Em seguida, faz um movimento sinuoso e tenta saltar
Sobre seu Benfeitor, seu Salvador e seu Pai.
"Ingrata", diz o Camponês, "é este o pagamento que me faz?
Morrerá." Dizendo isso, cheio de uma justa ira,
Ele toma o machado, corta o Animal,
Faz três Serpentes com dois golpes,
O tronco, a cauda e a cabeça.
O Inseto saltitando procura juntar-se,
Mas não consegue fazê-lo.

É bom ser caridoso;
Mas com quem? Essa é a dificuldade.
Quanto aos ingratos, não há nenhum
Que não morra miseravelmente.

Os Animais doentes de Peste

Uma doença que espalha o terror,
Doença que o Céu em sua fúria
Inventou para punir os crimes da terra,
A Peste (visto que é preciso chamá-la por seu nome),
Capaz de enriquecer em um dia o Inferno,
Fazia guerra aos animais.
Nem todos morriam, mas todos estavam contaminados:
Não se via mais nenhum ocupado
Em procurar o sustento de uma vida prestes a desaparecer;
Nenhum alimento excitava seu apetite;
Nem Lobos nem Raposas espreitavam
A doce e inocente presa.
As Rolas fugiam:
Não havia mais amor, faltava alegria.

O Leão reuniu o conselho e disse: "Meus caros amigos,
Creio que o Céu permitiu
Esse infortúnio por causa de nossos pecados.
Que o mais culpado de todos nós
Sacrifique-se à cólera celeste;
Talvez assim ele obtenha a cura de todos.
A história nos ensina que, em tais calamidades,
É costume fazer sacrifícios semelhantes.
Não nos vangloriemos, pois; examinemos sem indulgência
O estado de nossa consciência.
De minha parte, satisfazendo meu apetite voraz,
Devorei muitos carneiros.
Que tinham eles feito a mim? Nenhuma ofensa;
Cheguei mesmo algumas vezes a comer
O Pastor.
Eu me sacrificarei, portanto, se for necessário; mas penso
Que é bom que cada um se acuse assim como eu:
Devemos desejar, conforme toda justiça,
Que morra o mais culpado."
"Senhor", disse a Raposa, "o Senhor é um Rei muito bondoso;
Seus escrúpulos mostram muita delicadeza.
Então, comer carneiros, gente de baixa condição, raça estúpida,
É um pecado? Não, não. O Senhor lhes fez,
Comendo-os, muita honra.
E quanto ao Pastor, pode-se dizer
Que ele era digno de todos os males,
Visto ser dessas pessoas que sobre os animais
Acreditam exercer um ilusório domínio."
Assim falou a Raposa e os aduladores aplaudiram.
Ninguém se atreveu a aprofundar,

Do Tigre, do Urso, ou de outros poderosos,
As mais imperdoáveis ações.
Todos os brigões, até os mais simples Mastins,
Na opinião de cada um, eram pequenos santos.
O Burro, chegada a sua vez, disse: "Lembro-me
De que, passando pelo prado de um Mosteiro,
A fome, a ocasião, a erva tenra e, penso,
Também algum diabo me empurrando,
Aparei desse campo o correspondente ao tamanho de minha língua.
Eu não tinha nenhum direito de fazer isso, já que devo falar francamente".
A essas palavras, todos pediram justiça contra o Burro.
Um Lobo, um tanto letrado, provou com seu discurso
Que era preciso sacrificar aquele maldito Animal,
Aquele pelado, aquele leproso, do qual provinha todo o mal deles.
Seu pecadilho foi considerado um delito merecedor de forca.
Comer a erva alheia! Que crime abominável!
Somente a morte seria capaz
De expiar seu crime: fizeram-no ver bem isso.

Conforme seja você poderoso ou miserável,
A justiça da Corte o tratará como branco ou como negro.

O Avarento que perdeu seu tesouro

Somente o uso faz a posse.
Pergunto a essas pessoas, cuja paixão

É sempre acumular, de colocar soma sobre soma,
Que vantagem têm elas que não tenha qualquer outro homem.
Diógenes no inferno é tão rico quanto elas.
E o Avarento cá em cima vive como ele, pobremente.
O homem do tesouro escondido que Esopo nos propõe,
Servirá de exemplo para esse fato.
O Infeliz esperava,
Para gozar de sua fortuna, uma segunda vida;
Não possuía o ouro, era o ouro que o possuía.
Tinha na terra uma quantia escondida,
E, com ela, seu coração; não tendo outra distração
A não ser pensar nela dia e noite,
E tornar sagrada essa fortuna, mesmo para ele.
Quer fosse, quer viesse, quer bebesse, quer comesse,
Não pensava em outra coisa, a menos que não sonhasse
Com o lugar onde ela jazia enterrada.
Deu até lá tantas voltas que um Coveiro o viu,
Desconfiou do depósito, retirou-o sem nada dizer.
Nosso Avarento um belo dia encontrou apenas o ninho.
Eis o homem em prantos; geme, suspira.
Atormenta-se, desespera.
Um Passante pergunta-lhe qual o motivo dos gritos.
"Foi meu tesouro que me roubaram."
"Seu tesouro? Onde o pegaram?" "Junto dessa pedra."
"O quê? Estamos em tempo de guerra,
Para trazê-lo tão longe? Não teria feito melhor
Se o tivesse deixado em casa, em seu armário,
Em vez de mudar-lhe a residência?
Você teria podido sem dificuldade usá-lo a qualquer hora."

"A qualquer hora, bons Deuses! Só se pensa nisso?
O dinheiro vem da mesma forma como se vai?
Eu nunca tocava nele." "Diga-me pois, por favor",
Retomou o outro, "por que se afligir tanto,
Já que nunca tocava nesse dinheiro?
Coloque uma pedra no lugar,
Ela valerá a mesma coisa."

A Bolota e a Abóbora

Deus faz bem feito tudo o que faz. Sem procurar a prova
Em todo este Universo e ter de percorrê-lo para isso,
Nas Abóboras eu a encontro.
Um camponês, considerando
Quão grande é esse fruto e como é frágil sua rama,
Disse: "Em que pensava o Autor de tudo isso?
Ele colocou muito mal aquela Abóbora!
Mas é claro! Eu a teria pendurado
Em um daqueles carvalhos.
Tal fruto, tal árvore, para fazer bem as coisas.
É pena que você não tenha participado
Do conselho daquele sobre o qual prega o Senhor Cura:
Tudo teria ficado melhor; por quê, por exemplo,
A Bolota, que não é maior do que meu dedo mínimo,
Não está pendurada nesse lugar?
Deus se equivocou: mais eu contemplo
Estes frutos assim colocados, mais sinto
Que um erro foi cometido."
Essa reflexão embaraça nosso homem.
"Não se dorme", disse ele, "quando se tem tanta lucidez."

Sob um carvalho, logo ele vai tirar uma soneca.
Uma Bolota cai: o nariz do dorminhoco sofre com isso.
Ele acorda e, levando a mão ao rosto,
Encontra ainda a Bolota presa no pelo do queixo.
Seu nariz machucado força-o a mudar de linguagem:
"Oh!", diz ele, "estou sangrando! E o que seria então
Se tivesse caído da árvore uma massa mais pesada,
E se essa Bolota fosse uma Abóbora?
Deus não quis: sem nenhuma dúvida teve razão;
Vejo bem agora a causa disso."
Dando graças a Deus sobre todas as coisas,
O camponês regressa à sua casa.

O Burro carregado de esponjas e o Burro carregado de sal

Um Condutor de Burros, com seu cetro na mão,
Levava, como um Imperador romano,
Dois Corcéis de longas orelhas.
Um carregado de esponjas andava como um mensageiro;
E o outro, fazendo-se rogar,
Pisava, como se diz, em ovos:
Sua carga era de sal. Nossos alegres Peregrinos,
Por montes, por vales e por caminhos,
Ao vau de um rio chegaram,
E muito embaraçados se encontraram.
O Condutor, que todos os dias atravessava aquele vau,
Sobre o Burro da esponja montou,
Empurrando diante dele o outro Animal,
Que, querendo teimar,
Em um buraco se precipitou;

Voltou à tona, depois escapou,
Pois, ao cabo de algumas braçadas,
Todo o sal se dissolveu de tal modo
Que o Jumento nada sentiu
Sobre seu lombo aliviado.
O Camarada das Esponjas seguiu seu exemplo,
Como um Carneiro que vai atrás dos outros.
Eis meu Burro na água: até o pescoço ele mergulha,
Ele, o Condutor e a esponja.
Todos os três beberam muito: o Condutor e o Jerico
Fizeram o mesmo que a esponja.
Esta se tornou tão pesada,
E de tanta água se encheu,
Que o Burro, sucumbindo, não pôde atingir a margem.
O Condutor abraçava-o à espera
De uma morte rápida e certa.
Alguém veio em socorro: quem foi, não importa.

É bastante que se tenha visto aí que nem todos devem
Agir da mesma maneira.
Era a isso que eu queria chegar.

O Burro vestido com a pele do Leão

O Burro, tendo se vestido com a pele do Leão,
Era temido por toda a redondeza;
E, embora Animal sem coragem,
Fazia todos tremerem.
Um pedacinho de orelha escapando por infelicidade

Descobriu a velhacaria e o engano.
Um lavrador fez então seu ofício.
Os que não conheciam a astúcia e a malícia,
Admiravam-se de ver que ele
Enxotava os Leões até seu moinho.

Muitas pessoas adquirem fama na França;
Por elas esse conto tornou-se familiar.
Um equipamento nobre
Faz os três quartos de sua bravura.

A Cadela de caça e sua Companheira

Uma Cadela de caça, estando prestes a dar cria,
E não sabendo onde colocar fardo tão urgente,
Age de tal maneira que, por fim, sua Companheira consente
Em emprestar-lhe a choupana, onde a Cadela se fecha.
Após algum tempo a Companheira volta.
A Cadela pede-lhe mais uma quinzena.
Seus pequenos apenas engatinhavam, dizia ela.
Simplificando a história, ela consegue.
Vencido esse segundo prazo, a outra torna a pedir-lhe
Sua casa, seu quarto, sua cama.
A Cadela desta vez mostra os dentes e diz:
"Estou pronta para sair com todo o meu bando,
Se você puder expulsar-nos".
Seus filhos já estavam fortes.

O que se dá aos maus é sempre lastimado.
Para tirar deles o que se lhes empresta,

É preciso que se chegue à luta;
É preciso pleitear, é preciso combater.
Deixem que eles coloquem um pé em sua casa,
Logo terão colocado o outro.

O Carvalho e o Caniço

O Carvalho, um dia, disse ao Caniço:
"Você tem muitas razões para acusar a Natureza.
Um pequeno pássaro para você é um fardo pesado.
O menor vento que, por acaso,
Faz enrugar a superfície da água,
Obriga você a baixar a cabeça.
Entretanto, minha fronte, semelhante ao Cáucaso,
Não contente em deter os raios do sol,
Desafia a força da tempestade.
Para você todo vento é forte como o aquilão, tudo me parece suave como o zéfiro.
Se ao menos você nascesse abrigado pela folhagem
Com a qual cubro os arredores,
Você não sofreria tanto,
Eu o protegeria da tempestade.
Mas você nasce na maioria das vezes
Sobre as úmidas margens dos Reinos do vento.
A Natureza parece-me bem injusta com você."
"Sua compaixão", respondeu-lhe o Arbusto,
"Vem de uma bondade natural. Mas abandone essa preocupação:
Os ventos são para mim menos perigosos do que para você;
Dobro-me e não me quebro. Você até agora,

Contra seus golpes pavorosos,
Resistiu sem curvar as costas.
Mas esperemos o fim." Enquanto dizia essas palavras,
Da extremidade do horizonte acorre com fúria
O mais terrível dos filhos
Que o Norte carregara até ali em seus flancos.
A Árvore mantém-se firme; o Caniço dobra-se.
O vento duplica seus esforços
E sopra tanto que desenraiza
Aquela cuja cabeça era do céu vizinha
E cujos pés tocavam o reino dos mortos.

O Cavalo e o Burro

Neste mundo precisamos ajudar-nos uns aos outros:
Se seu vizinho morre,
É sobre você que recai o encargo.

Um Burro acompanhava um Cavalo pouco amável,
Que levava somente seus arreios;
O pobre Burrico, tão carregado que desfalecia,
Pediu ao Cavalo para ajudá-lo um pouco;
Caso contrário, morreria antes de chegar à cidade.
"O pedido", disse ele, "não é descortês:
Metade desse fardo será um brinquedo para você."
O Cavalo recusou, fez um escarcéu;
Quando viu, sob seu fardo, morrer seu camarada,
Reconheceu que havia errado.
Do Burrico desta aventura
Fizeram-no carregar a carga
E, ainda por cima, a pele.

O Cervo e a Vinha

Um Cervo, graças a uma Vinha muito alta,
Como se vê em certos climas,
Colocou-se ao abrigo e foi salvo da morte.
Os Monteiros por esse fato acreditavam que seus Cães se haviam enganado;
Chamam-nos então. O Cervo, fora de perigo,
Come sua benfeitora, extrema ingratidão!
Ouvem-no os cães, retornam, fazem-no sair,
E ele vem morrer ali mesmo.
"Mereci", disse ele, "este justo castigo:
Que os ingratos aproveitem a lição." Ele cai nesse momento.
A Matilha faz dele carniça. Foi-lhe inútil
Chorar diante dos Monteiros, chegados para sua morte.
Eis o verdadeiro retrato daqueles que profanam o abrigo
Que os protegeu.

O Cervo vendo-se na água

No cristal de uma fonte,
Um Cervo, olhando-se outrora,
Elogiava a beleza de seu chifre,
e, apenas com esforço,
Suportava suas pernas esguias
Cuja imagem via perder-se nas águas.
"Que desproporção entre meus pés e minha cabeça!",
Dizia ele vendo sua sombra com amargura.
"Das árvores mais altas minha fronte alcança o cimo;
Meus pés não me dão satisfação."

Quando falava desse modo,
Um Cão de caça o faz fugir;
Ele procura proteger-se;
Corre para a floresta.
Seu chifre, ornamento nocivo,
Detendo-o a cada momento,
Prejudica o favor que lhe prestam
Seus pés, dos quais seus dias dependem.
Ele se desdiz então, e maldiz os presentes
Que o Céu lhe faz todos os anos.

Nós damos importância ao Belo, desprezamos o Útil;
E o Belo frequentemente causa nossa perda.
Esse Cervo reprova seus pés que o tornam ágil
E estima um chifre que o prejudica.

O Corvo e a Raposa

O Senhor Corvo, em uma árvore empoleirado,
Segurava em seu bico um queijo.
A Senhora Raposa, pelo cheiro atraída,
Falou-lhe mais ou menos desta maneira:
"Bom dia, Senhor Corvo,
Como o Senhor é bonito! Como me parece belo!
Sem mentir, se o seu canto
Assemelha-se à sua plumagem,
O Senhor é a Fênix dos habitantes desses bosques".
A essas palavras, o Corvo não cabe em si de alegria;
E, para mostrar sua bela voz,
Abre um grande bico, deixa cair sua presa.

A Raposa apodera-se dela e diz: "Meu caro Senhor,
Aprenda que todo adulador
Vive à custa daquele que o escuta.
Essa lição merece, sem dúvida, um queijo".
O Corvo, envergonhado e perplexo,
Jurou, mas um pouco tarde, que nunca mais o enganariam.

A Cigarra e a Formiga

A Cigarra, tendo cantado
O verão inteiro,
Viu-se privada de tudo
Quando o inverno chegou:
Nem um único pedacinho
De mosca ou de minhoca.
Foi chorar faminta
Em casa da Formiga sua vizinha,
Pedindo-lhe que lhe emprestasse
Algum grão para sobreviver
"Até a primavera
Eu lhe pagarei", disse ela,
"Antes da colheita, palavra de animal,
Juro e capital."
A Formiga não é generosa;
Este é seu menor defeito.
"Que fazia você no tempo quente?",
Perguntou ela à necessitada.
"Noite e dia, para todo o mundo,
Eu cantava, não leve a mal."
"Você cantava? Fico contente com isso.
Pois bem! Dance agora."

Conselho feito pelos Ratos

Um Gato, chamado Rodilardus,
Fazia com os ratos um tal estrago,
Que quase não se viam mais Ratos,
Tantos ele tinha levado à sepultura.
O pouco que restava, não ousando deixar sua toca,
Não achava para comer senão um quarto do que precisava,
E Rodilardus passava, entre a gente miserável,
Não por um Gato, mas por um Diabo.
Ora, um dia em que pelos telhados
O Galante foi procurar fêmea,
Durante todo o sabá que fez com sua dama,
O restante dos Ratos reuniu-se para discutir em um canto
Sobre a crítica situação do momento.
Logo no início, o Deão, pessoa muito prudente,
Opinou que era necessário, e o quanto antes,
Amarrar um guizo no pescoço de Rodilardus.
Dessa forma, quando fosse à batalha,
Advertidos de seus passos, fugiriam para suas tocas.
Que era o único meio que conhecia.
Todos foram da mesma opinião do Senhor Deão.
Nada pareceu a eles mais salutar.
A dificuldade foi amarrar o guizo.
Um disse: "Não vou, não sou tão tolo".
O outro: "Sou incapaz". Dessa forma, sem nada resolver,
Separaram-se. Tenho visto muitas assembleias
Que para nada se reuniram.
Assembleias não de Ratos, mas assembleias de monges,
E até mesmo assembleias de cônegos.

Somente para deliberar,
A Corte em conselheiros abunda:
Se há necessidade de executar,
Não se encontra mais ninguém.

O Coche e a Mosca

Em uma ladeira arenosa, difícil,
E por todos os lados exposta ao sol,
Seis fortes Cavalos puxavam um Coche.
Mulheres, Monges, Velhos, todos tinham descido.
A parelha suava, bufava, estava exausta.
Uma Mosca aparece e dos Cavalos se aproxima;
Pretende animá-los com seu zumbido;
Pica um, pica outro, e pensa a todo momento
Que é ela que faz a carruagem andar;
Pousa no timão, no nariz do cocheiro.
Logo que o carro se movimenta,
E ela vê as pessoas andarem,
Apenas a si mesma atribui o sucesso;
Vai, vem, mostra-se solícita; assemelha-se
A um Oficial de Infantaria indo a todo lugar
Para fazer avançar seus soldados e apressar a vitória.
A Mosca, nesse problema que é de todos,
Queixa-se de trabalhar sozinha e de ter todas as preocupações;
De que ninguém ajuda os Cavalos a saírem do impasse.
O Monge lia seu breviário;
Ocupava bem seu tempo! Uma mulher cantava;
Era de canções que então se precisava!
A Senhora Mosca continua cantando em seus ouvidos

E faz cem bobagens semelhantes.
O Coche, depois de muito trabalho, chega ao fim da encosta.
"Respiremos agora", diz logo a Mosca:
"Trabalhei tanto que nossa gente está enfim no plano.
Pois bem, Senhores Cavalos, recompensem-me por meu esforço".

Assim certas pessoas, mostrando-se solícitas,
Introduzem-se nos negócios;
Dão-se em toda parte ares de importância,
E, em toda parte, são importunas: deveriam ser expulsas.

Os dois Mulos

Dois Mulos caminhavam: um carregado de aveia,
O outro levando o dinheiro do imposto.
Este, orgulhoso de carga tão bela,
Não teria querido por nada ser aliviado.
Seguia com um passo distinto,
E fazia soar sua campainha;
De repente, apresentando-se o inimigo,
Que pretendia apenas o dinheiro,
Sobre o Mulo do Fisco em bando se lança,
Prende-o pelo freio e para-o.
O Mulo, defendendo-se,
Sente-se varar de golpes: geme, suspira.
"É isso", diz ele, "o que me haviam prometido?
Esse Mulo que me segue do perigo escapa,
E eu caio nele e morro."

"Amigo", diz-lhe seu camarada,
"Nem sempre é bom ter um alto emprego:
Se você tivesse servido um simples Moleiro, como eu,
Não estaria tão mal."

Os dois Pombos

Dois Pombos se amavam ternamente.
Um deles, aborrecendo-se em casa,
Foi bastante louco para empreender
Uma viagem a país distante.
O outro lhe disse: "Que vai fazer?
Quer abandonar seu irmão?
A ausência é o maior dos males,
Mas não para você, cruel! Ao menos se os trabalhos,
Os perigos, as preocupações da viagem
Mudassem um pouco sua disposição.
Se ainda a estação estivesse mais avançada!
Espere os ventos da primavera. O que o apressa? Um Corvo
Há pouco anunciava desgraça aos Pássaros.
Eu só sonharei com encontro funesto,
Com Falcões, com armadilhas. Meu Deus! direi, chove:
Meu irmão tem tudo o que necessita,
Boa alimentação, bom abrigo e tudo o mais?".
Esse discurso abalou o coração
De nosso imprudente viajante;
Mas o desejo de conhecer e o temperamento inquieto
Tiveram mais força. Ele disse: "Não chore;
Três dias no máximo satisfarão minha alma;
Voltarei em pouco tempo para contar tim-tim por tim-tim

Minhas aventuras ao meu irmão;
Eu o distrairei. Quem nada vê
Também não tem nada a dizer. A descrição de minha viagem
Dará a você um prazer extremo.
Direi: eu estava ali, tal coisa me aconteceu;
Você acreditará que você mesmo estava naqueles lugares".
A essas palavras, chorando, eles se despediram.
O viajante afasta-se; eis que uma nuvem
Obriga-o a procurar refúgio em algum lugar.
Uma única árvore se ofereceu, de tal tipo que a tempestade
Maltratou o Pombo, apesar da folhagem.
O ar novamente sereno, ele parte transido de frio,
Secando o melhor que pode o corpo molhado pela chuva.
Em um campo afastado, vê trigo espalhado,
Vê um Pombo ao lado; isso lhe desperta o apetite.
Voa para lá, é aprisionado: aquele trigo encobria um laço
Traidor.
O laço estava gasto; de modo que, com sua asa,
Seus pés, seu bico, o Pássaro conseguiu rompê-lo;
Algumas penas ali ficaram. Mas o pior de seu destino
Foi que um certo Abutre, de garra cruel,
Viu nosso infeliz que, arrastando o barbante
E os pedaços do laço que o tinha agarrado,
Parecia um prisioneiro evadido.
O Abutre ia lançar-se sobre ele quando, das nuvens,
Surge por sua vez uma Águia com as asas estendidas.
O Pombo aproveitou o conflito dos ladrões,
Voou, caiu vencido perto de um casebre,
Acreditando que suas infelicidades
Terminariam com essa aventura.

Mas um menino travesso, idade sem piedade,
Pegou sua atiradeira e, dessa vez, atingiu mais da metade
Da infeliz Ave
Que, maldizendo sua curiosidade,
Arrastando a asa e puxando o pé,
Meio morta e meio manca,
Voltou direto para sua casa.
Bem ou mal, ela chegou
Sem mais outra aventura dolorosa.
Eis nossos Pombos reunidos; e deixo que imaginem
Com quantos prazeres eles pagaram seus sofrimentos.

Amantes, felizes amantes, querem viajar?
Que seja para lugares próximos.
Sejam um para o outro um mundo sempre belo,
Sempre diferente, sempre novo;
Considerem-se sempre o todo, contem como nada o resto.
Eu amei muitas vezes: não teria, naquela época,
Pelo Louvre e seus tesouros,
Pelo firmamento e sua abóbada celeste,
Trocado os bosques, trocado os lugares
Honrados pelos passos, iluminados pelos olhos
Da amável e jovem Pastora
À qual, sob o jugo do filho de Citera,
Servi, engajado por meus primeiros juramentos.
Ai de mim! Quando voltarão momentos como aqueles?
É possível que objetos tão doces e tão encantadores
Deixem-me viver ao sabor de minha alma inquieta?
Ah! Se meu coração ousasse ainda se apaixonar!
Não sentirei mais encanto que me prenda?
Passei o tempo de amar?

Os dois Touros e a Rã

Dois Touros combatiam para ver quem possuiria
Uma Novilha e o poder.
Uma Rã suspirava por causa disso.
"Que tem você?", perguntou-lhe
Alguém de sua raça.
"E você não vê", respondeu ela,
"Que o fim dessa disputa
Será o exílio de um; e que o outro, expulsando-o,
Fará que ele renuncie aos campos floridos?
Não reinando mais sobre a erva dos prados,
Virá aos nossos pântanos reinar sobre os caniços
Pisoteando-nos até o fundo das águas;
Primeiro uma, depois a outra, irá obrigar-nos a sofrer
Por causa da disputa provocada pela Senhora Novilha."

Esse temor era sensato.
Um dos Touros na morada das Rãs
Foi esconder-se, em prejuízo delas:
Esmagava vinte por hora.
Que pena! Vemos que sempre
Os pequenos sofreram com as tolices dos grandes.

O Gaio enfeitado com penas de Pavão

Um Pavão mudava de penas: um Gaio apoderou-se delas.
Em seguida, colocou-as como pôde sobre seu corpo.
Depois, entre outros Pavões, abriu a cauda todo orgulhoso,
Acreditando ter ficado um belo personagem.
Alguém o reconheceu: viu-se ridicularizado,

Escarnecido, vaiado, desprezado, zombado,
E pelos Senhores Pavões depenado de modo esquisito.
Apesar de ter se refugiado entre seus semelhantes,
Foi por eles enxotado.

Existem muitos Gaios de dois pés como esse
Que, muitas vezes, se enfeitam com penas alheias,
E que são chamados imitadores.
Calo-me, pois não quero lhes causar nenhum aborrecimento:
Não é de minha conta.

A Galinha dos ovos de ouro

A Avareza tudo perde ao querer tudo ganhar.
Como testemunho disso quero
Apenas o daquele cuja Galinha, conforme diz a fábula,
Punha todos os dias um ovo de ouro.
Pensou ele que dentro do corpo ela tinha um tesouro.
Matou-a, abriu-a e a encontrou igual
Àquelas cujos ovos nada lhe traziam,
Tendo ele próprio se privado de seu bem mais precioso.

Bonita lição para as pessoas avaras!
Nesses últimos tempos, quantas temos visto
Tornarem-se pobres da noite para o dia,
Por desejarem enriquecer muito depressa?

O Galo e a Raposa

Sobre um galho de uma árvore estava de sentinela
Um velho Galo astuto e matreiro.

"Irmão", disse uma Raposa, adoçando a voz,
"Não estamos mais em disputa:
Paz completa dessa vez.
Venho anunciar-lhe isso. Desça para que o abrace:
Não me faça esperar, por favor.
Devo fazer hoje vinte léguas sem falta.
Os seus e você podem se ocupar,
Sem nenhum medo, de seus negócios;
Nós os ajudaremos como irmãos.
Celebrem com festas logo esta noite,
E enquanto isso, venha receber
O abraço de amor fraterno."
"Amiga", retomou o Galo, "eu jamais poderia
Receber uma notícia melhor e mais agradável
Que a
dessa paz!
E é para mim uma alegria dupla
Tê-la através de você. Vejo dois Galgos,
Que, estou persuadido, são mensageiros
Enviados por causa desse assunto.
Andam depressa e dentro de um instante estarão aqui.
Vou descer. Poderemos abraçar-nos todos."
"Adeus", disse a Raposa; "a corrida que tenho de fazer é longa!
Festejaremos o sucesso do negócio
De outra vez." A Astuta logo
Foge, afasta-se,
Descontente com seu estratagema.
E nosso velho Galo em seu íntimo
Pôs-se a rir do medo da outra.
Pois é duplo o prazer de enganar o enganador.

Os Ladrões e o Asno

Por um Asno roubado dois Ladrões se batiam:
Um queria conservá-lo, o outro vendê-lo.
Enquanto murros iam e vinham,
E nossos contendores pensavam em defender-se,
Chega um terceiro Ladrão
Que se apodera do Asno.

O Asno é algumas vezes um pobre reino:
Os Ladrões são este e aquele príncipe,
Como o Transilvano, o Turco e o Húngaro.
Em vez de dois, encontrei três!
Há muita mercadoria desse tipo.
Por nenhum deles, muitas vezes, o reino é conquistado:
Aparece um quarto Ladrão, que os coloca imediatamente de acordo,
Apoderando-se do Burro.

O Leão doente e a Raposa

Por ordem do Rei dos Animais,
Que em seu covil estava doente,
Fez-se saber a seus Vassalos
Que cada espécie em embaixada
Enviasse pessoas para visitá-lo,
Sob promessa de serem bem tratados
Os Deputados, eles e seus acompanhantes.
Palavra de Leão, muito bem escrita:

Bom passaporte contra dentes,
Tanto quanto contra garras.
O edito do príncipe é executado:
De cada espécie enviam-lhe um delegado.
As Raposas permanecem observando a casa,
E uma delas faz este raciocínio:
Os passos impressos sobre a poeira
Por aqueles que vão fazer sua corte ao enfermo,
Todos, sem exceção, estão voltados para a toca;
Nenhum marca seu retorno.
Isso nos faz desconfiar.
Que Sua Majestade nos dispense;
Muito obrigada por seu passaporte.
Considero-o bom mas, nesse covil,
Vejo muito bem como se entra
E não vejo como dele se sai.

O Leão e o Mosquito

"Vá embora, Inseto insignificante, excremento da terra!"
É com essas palavras que o Leão
Falava um dia ao Mosquito.
Este lhe declarou guerra.
"Você pensa", disse-lhe, "que seu título de Rei
Faz-me medo ou me inquieta?
Um Boi é mais poderoso que você!
Faço com ele o que quero."
Apenas acabava essas palavras
Ele mesmo soou o ataque,

Foi o Trompetista e o Herói.
Inicialmente, afasta-se;
Depois espera, mergulha no pescoço
Do Leão, a quem deixa quase louco.
O Quadrúpede escuma e seu olho brilha.
Ruge. Todos se escondem, os arredores tremem:
E esse alarme universal
É obra de um Mosquito.
Um aborto de Mosca de cem lugares o ataca,
Ora pica a espinha, ora o focinho,
Ora entra no fundo do nariz.
A raiva então sobe ao seu auge.
O inimigo invisível triunfa e ri por ver
Que não há garra nem dente no animal irritado
Que o colocando em sangue não faça seu dever.
O infeliz Leão dilacera-se ele próprio,
Faz ressoar sua cauda em torno de seus flancos,
Bate no ar, até mais não poder; e seu furor extremo
Cansa-o, abate-o: ei-lo extenuado.
O Inseto retira-se do combate com glória.
Assim como soou o ataque, soa a vitória,
Vai anunciá-la por toda parte, e no caminho encontra
A armadilha de uma Aranha.
Aí encontra também seu fim.

Que coisa nos pode ser ensinada com isso?
Vejo duas, das quais uma é que entre nossos inimigos
Os que mais devemos temer são muitas vezes os menores;
A outra: aqueles que puderam se subtrair aos grandes perigos
Perecem por uma razão ínfima.

O Leão e o Rato / A Pomba e a Formiga

É preciso, tanto quanto possível, ser generoso com todo mundo.
Muitas vezes temos necessidade de um menor do que nós.
Dessa verdade duas fábulas darão testemunho,
Tanto o fato em provas é farto.

Entre as patas de um Leão
Caiu um Rato ao sair da toca despreocupadamente.
O Rei dos animais, nessa ocasião,
Mostrou o que era e deu-lhe a vida.
Esse benefício não foi perdido.
Quem poderia jamais acreditar
Que um Leão tivesse necessidade de um Rato?
Entretanto, aconteceu que ao sair das florestas
Esse Leão foi apanhado nas redes,
Que seus rugidos não puderam desfazer.
O Senhor Rato acorreu e trabalhou tanto com seus dentes
Que uma malha roída desfez toda a obra.

Paciência e tempo
Fazem mais que força e raiva.

O outro exemplo é tirado de Animais menores.

Ao longo de um límpido regato bebia uma Pomba,
Quando, inclinando-se sobre a água, uma Formiga cai.
E nesse oceano ela viu a Formiga
Esforçar-se, mas em vão, para atingir a margem.

A Pomba mostra-se logo caridosa:
Um ramo de erva, jogado por ela na água,
Torna-se um promontório ao qual a Formiga chega.
Salva-se. E nesse momento
Passa um Camponês que andava com os pés descalços.
Esse Camponês, por acaso, tinha uma arma.
Logo que vê o Pássaro de Vênus,
Imagina-o em sua panela e já lhe faz festa.
Enquanto para matá-lo meu camponês se prepara,
A Formiga pica-o no calcanhar.
O homem volta a cabeça:
A Pomba percebe-o, parte e foge.
O jantar do Camponês com ela voa:
Não há Pombo por um vintém.

O Leão, o Lobo e a Raposa

Um Leão decrépito, gotoso, não podendo mais,
Queria que encontrassem remédio para a velhice:
Alegar o impossível aos Reis é um crime.
Este, de cada espécie,
Convocou médicos das mais variadas especialidades:
Médicos para o Leão vêm de todas as partes;
De todos os lados aparecem fazedores de receitas.
Das visitas que são feitas,
A Raposa se exime, e se mantém fechada em casa.
O Lobo faz sua corte e censura, no deitar do Rei,
Sua camarada ausente; o Príncipe logo
Quer que se vá, com fumaça, expulsar a Raposa de sua casa:

Que a façam vir. Ela vem, é apresentada;
Sabendo o que o Lobo lhe fizera, disse:
Temo, Majestade, que uma relação pouco sincera
Não me tenha com desprezo acusado
De ter adiado essa homenagem;
Mas eu estava em peregrinação,
E cumpria uma promessa feita por vossa saúde.
Vi mesmo em minha viagem
Pessoas competentes e sábias; falei-lhes da languidez
Da qual Vossa Majestade teme com razão a sequência.
Tendes necessidade apenas de calor:
A idade avançada em vós o destruiu.
De um Lobo esfolado vivo colocai a pele,
Bem quente e bem fumegante;
O procedimento sem dúvida é bom
Para a natureza desfalecente.
O Senhor Lobo vos servirá,
Se vos agradar, de roupão.
O Rei aprecia esse conselho:
Esfolam, cortam, desmembram
O Senhor Lobo. O Monarca jantou-o,
E com sua pele envolveu-se.

Senhores cortesãos, deixem de destruir-se:
Se puderem, façam a corte sem se prejudicar.
O mal é devolvido ao quádruplo do bem.
Os maldizentes têm sua vez, de uma maneira ou de outra:
Os senhores estão em uma carreira,
Onde nada se perdoa.

O Lobo e o Cão

Um Lobo só tinha os ossos e a pele,
Graças à excelente guarda dos Cães.
Esse Lobo encontra um Cão tão forte quanto bonito,
Gordo, brilhante, que se havia desgarrado sem querer.
Atacá-lo, colocá-lo em pedaços,
O Senhor Lobo teria feito com prazer;
Mas era preciso lutar!
E tinha condições o Mastim
De se defender audaciosamente.
O Lobo aborda-o, pois, humildemente,
Começa a conversar, e o cumprimenta
Por sua saúde, que admira.
"Só caberá ao senhor
Tornar-se tão gordo como eu", respondeu-lhe o Cão.
"Deixe os bosques, será bom:
Seus semelhantes são miseráveis ali,
Vadios, desprezados e pobres-diabos,
Cuja condição é morrer de fome.
Nada têm de seguro, nenhuma refeição,
Tudo difícil.
Siga-me, o senhor terá um destino melhor."
O Lobo perguntou: "Que será necessário fazer?".
"Quase nada", disse o Cão, "espantar as pessoas
Que carregam bastões, e mendigos;
Adular os de casa, agradar o patrão.
Em recompensa seu salário
Serão restos de refeições de todos os tipos,
Ossos de frango, ossos de pombos,

Sem falar das muitas carícias."
O Lobo já imagina a felicidade
Que o faz chorar de ternura.
A caminho, viu o pescoço pelado do Cão.
"O que é isso?", perguntou-lhe. "Nada." "O quê? Nada?"
"Pouca coisa."
"Mas o quê?" "A coleira com a qual sou amarrado
É talvez a causa do que vê."
"Amarrado!", disse o Lobo. "Então você não corre
Por onde quer?" "Nem sempre! Mas que importa?"
"Importa tanto que todas as suas refeições
Não quero de maneira nenhuma.
E não desejaria, a esse preço, um tesouro."
Dito isso, o Senhor Lobo fugiu, e está correndo até hoje.

O Lobo e o Cordeiro

A razão do mais forte é sempre a melhor:
Vamos prová-lo agora mesmo.

Um Cordeiro matava a sede
Em uma corrente de água cristalina;
Chega faminto um Lobo, que procurava aventura
E que a fome atraía para aqueles lados.
"O que o torna tão ousado a ponto de turvar minha água?"
Diz esse animal cheio de raiva:
"Será castigado por sua audácia".
"Senhor", responde o Cordeiro, "que Vossa Majestade
Não se irrite.
Mas que veja

Que estou bebendo
Na corrente
Mais de vinte passos abaixo de Vossa Majestade;
E que consequentemente, de nenhuma maneira,
Posso turvar sua água."
"Você a turva", retoma esse cruel animal.
"E sei que você falou mal de mim no ano passado."
"Como poderia ter feito isso, se não havia nascido?",
Contesta o Cordeiro. "Ainda estou mamando."
"Se não foi você, foi seu irmão."
"Não tenho irmão." "Então foi alguém de sua família;
Pois vocês não me poupam,
Nem vocês, nem seus Pastores, nem seus Cães.
Disseram-me: é preciso que eu me vingue."
Dito isso, para o fundo das florestas
O Lobo o leva, e depois o come,
Sem mais explicações.

O Lobo, a Cabra e o Cabrito / O Lobo, a Mãe e o Filho

A Cabra, indo encher seus lânguidos seios,
E pastar a erva nova,
Fechou sua porta com o trinco,
Não sem dizer ao seu Cabrito:
Evite, sob pena de morrer,
Abrir para quem não lhe diga
Como santo-e-senha:
Para o diabo o Lobo e sua raça!
Quando ela dizia essas palavras,

O Lobo, por acaso, passa.
Ele as recolhe oportunamente
E as guarda na memória.
A Cabra, como se pode imaginar,
Não tinha visto o Glutão.
Logo que ele a vê partir, imita seu tom,
E, com uma voz hipócrita,
Pede que abram, dizendo: "Para o diabo o Lobo!".
E pensando entrar imediatamente.
O Cabrito desconfiado olha pela fresta.
"Mostre-me pata branca ou não abrirei",
Exclamou antes de tudo. (Pata branca é um sinal
Entre os Lobos, como se sabe, raramente usado.)
Este, muito surpreso por ouvir essa resposta,
Da mesma forma como viera, voltou para sua casa.
Onde estaria o Cabrito se tivesse acreditado
No santo-e-senha que, por acaso,
Nosso Lobo tinha ouvido?

Duas certezas valem mais que uma,
E o exagero nesse ponto nunca foi perdido.

Esse Lobo me traz à memória
Um de seus companheiros, que foi agarrado ainda melhor:
Morreu. Eis a história.
Um Camponês tinha sua casa em local bem afastado.
O Senhor Lobo esperava à porta um acaso favorável
Pois tinha visto passar caça de toda espécie:

Vitelos, Cordeiros e Ovelhas,
Regimentos de Perus, enfim abundantes provisões.
O Ladrão começava entretanto a aborrecer-se.
Ele ouve uma Criança gritar.
A Mãe logo a repreende,
Ameaça, se ela não se calar,
Entregá-la ao Lobo. O animal se prepara,
Agradecendo aos deuses uma tal sorte,
Quando a Mãe, acalmando seu querido Filho,
Diz-lhe: "Não chore; se ele vier, nós o mataremos".
"Que é isso?", exclamou o devorador de Carneiros,
"Dizer uma coisa, depois outra? É assim que tratam
As pessoas como eu? Tomam-me por um tolo?
Que algum dia esse Pirralho
Venha ao bosque colher avelã!"
Quando ele dizia essas palavras, alguém sai da casa:
Um Cão de guarda o agarra. Venábulos e forcados
Atingem-no de todos os lados.
"Que vem você procurar nestes lugares?", perguntam-lhe.
Logo ele contou o caso.
"Que gracioso!", diz a Mãe.
"Comer meu Filho! Será que o fiz de propósito
Para que ele um dia saciasse sua fome?"
Mataram o pobre Animal.
Um Camponês cortou-lhe o pé direito e a cabeça;
O Senhor da Aldeia colocou-os à porta de sua casa,
E este ditado da Picardia foi escrito em torno deles:
Senhores Lobos, não escutem
Uma Mãe acalentando seu Filho que chora.

O Milhafre e o Rouxinol

Depois que o Milhafre, indiscutível ladrão,
Espalhou o pânico por toda a vizinhança
E fez gritarem contra ele as crianças da aldeia,
Um Rouxinol caiu em suas mãos, por infelicidade.
O arauto da primavera pede-lhe a vida:
"Para que comer alguém que tem apenas a voz?
Escute antes minha canção;
Contar-lhe-ei a história de Tereu e sua paixão".
"Qual Tereu? É um prato especial para os Milhafres?"
"Não; era um Rei de cujos desejos violentos
Senti o ardor criminoso;
Vou cantar-lhe uma canção tão bela
Que ela o enlevará. Meu canto agrada a todos."
O Milhafre então lhe replica:
"Na verdade, estamos bem: eu estou em jejum,
E você vem falar-me de música".
"Eu falo disso com os Reis." "Quando um Rei o tiver prendido,
Você pode contar-lhe essas maravilhas.
Um Milhafre, porém, rirá disso:
Ventre faminto não tem ouvidos."

O Morcego e as duas Doninhas

Um Morcego caiu de cabeça
Em um ninho de Doninha. E, logo que entrou,
A outra, há muito tempo irritada com os Ratos,
Para devorá-lo acorreu.
"O quê! Você ousa", disse ela, "apresentar-se diante de mim,

Depois que sua raça procurou prejudicar-me!
Você não é Rato? Fale sem mentiras.
Sim, você o é; ou não sou Doninha."
"Perdoe-me", disse o Infeliz,
"Não é o que creio ser.
Eu, Rato! Pessoas maldosas lhe contaram essas histórias.
Graças ao Autor do universo,
Sou Pássaro. Veja minhas asas.
Viva a raça que corta os ares!"
Seu raciocínio agradou e pareceu bom.
Saiu-se tão bem que lhe deram
Liberdade para se retirar.
Dois dias depois, nosso estouvado
Cegamente vai se meter
Em casa de outra Doninha, inimiga dos Pássaros.
Ei-lo de novo em perigo de vida.
A Senhora da casa, com seu longo focinho
Ia comê-lo por ser Pássaro,
Quando ele protestou dizendo que o injuriavam:
"Eu, passar por tal coisa! Você não vê bem.
O que distingue o Pássaro? São as penas.
Sou Rato: vivam os Ratos!
Que Júpiter destrua os gatos!"
Com essa réplica certa
Ele salvou duas vezes a vida.

Várias pessoas existiram que, mudando de partido,
Assim como o Morcego, muitas vezes zombaram dos perigos.
O prudente diz, conforme o vento:
"Viva o Rei! Viva a Liga!".

A Morte e o Lenhador

Um pobre Lenhador, inteiramente coberto de galhos,
Sob o peso do feixe como sob o peso de sua idade
Gemendo e curvado, andava com passos difíceis,
E tentava chegar à sua cabana cheia de fumaça.
Finalmente, não suportando mais o esforço e a dor,
Põe ao chão o feixe, e pensa em sua infelicidade.
Que prazer sentiu desde que nasceu?
Existe alguém mais pobre na face da terra?
Não tem pão algumas vezes, e nunca tem descanso:
A mulher, os filhos, os soldados que era obrigado a alojar, os impostos,
O cobrador e a corveia
Fazem dele a pintura completa de um infeliz.
Chama a Morte. Ela vem sem tardar,
Pergunta-lhe o que deve fazer.
"É", diz ele, "para que me ajude
A carregar novamente esta lenha; não gastará muito tempo."

A Morte vem curar tudo;
Mas não saímos de onde estamos:
Antes sofrer que morrer,
Eis a divisa dos homens.

A Mosca e a Formiga

A Mosca e a Formiga discutiam sobre seu valor.
"Ó Júpiter!", diz a primeira,
"É possível que o amor-próprio cegue os espíritos

De uma maneira tão terrível,
Que um animal vil e rasteiro
À filha do ar ouse considerar-se igual?
Eu frequento os palácios, sento-me à tua mesa:
Se imolam a ti um boi, provo-o antes de ti;
Enquanto que esta, doentia e miserável,
Vive três dias com um talinho que arrasta para sua casa.
Mas, minha Querida, diga-me,
Algum dia você pousou sobre a cabeça de um Rei,
De um Imperador ou de uma bela Senhora?
Eu o faço; e beijo um belo seio quando quero;
Brinco entre cabelos;
Realço de uma tez a brancura natural;
E o último retoque que dá à sua beleza
Uma mulher que se apronta para a conquista,
É um enfeite das Moscas emprestado.
E depois você vem cansar-me
Com seus celeiros." "O que disse?",
Replicou-lhe a dona de casa.
"Você frequenta os palácios; mas maldizem-na ali.
E quanto a ser a primeira a provar,
Antes dos Deuses, o que é servido,
Acredita que valha mais?
Se você entra em toda parte, assim também fazem os profanos.
Sobre a cabeça dos Reis e sobre a dos Burros
Você vai pousar: não discordo disso;
E sei que com uma morte rápida
Essa importunação muito frequentemente é punida.
Certo enfeite, diz você, torna bonita.
Concordo: ele é negro como você e eu.

Aceito que ele se chame Mosca: é motivo para que
Você apregoe seus méritos?
Não são também chamados Moscas os parasitas?
Abandone pois essa linguagem tão inútil:
Não tenha mais esses altos pensamentos.
As Moscas espiãs da corte são expulsas;
Os Moscardos espiões são enforcados; e você morrerá de fome,
De frio, de fraqueza, de miséria,
Quando Febo reinar sobre um outro hemisfério.
Então gozarei do fruto de meus trabalhos.
Não irei por montes e vales,
Expor-me ao vento, à chuva;
Viverei sem melancolia.
O cuidado que eu tiver tomado, de cuidado me isentará.
Ensinar-lhe-ei com isso
O que é uma falsa ou verdadeira glória.
Adeus. Estou perdendo tempo: deixe-me trabalhar;
Nem meu celeiro nem meu armário
Enchem-se com tagarelice."

As mulheres e o segredo

Nada pesa tanto quanto um segredo:
Guardá-lo por muito tempo é difícil para as senhoras;
E conheço mesmo, em relação a esse fato,
Boa quantidade de homens que são mulheres.
Para testar a sua um Marido exclamou,
Estando perto dela à noite: "Meu Deus! Que é isso?
Não aguento mais; estão me rasgando;

Estou pondo um ovo!". "Um ovo?" "Sim, ei-lo
Fresco e recém-posto. Evite contar a alguém:
Chamar-me-iam Galinha. Enfim, não fale sobre isso."
A Mulher, ingênua nesse caso,
Assim como em muitos outros assuntos,
Acreditou e prometeu, por todos os deuses, calar-se.
Mas esse juramento desfez-se
Com as sombras da noite.
A Esposa, indiscreta e pouco sagaz,
Saiu da cama quando o dia apenas despontou
E correu para a casa da vizinha.
"Comadre", disse ela, "aconteceu um caso:
Não diga nada sobre ele, pois eu poderia apanhar.
Meu Marido acaba de pôr um ovo enorme.
Em nome de Deus, evite
Espalhar esse mistério."
"Está brincando?", disse a outra. "Ah, você não sabe
Quem eu sou. Vá, não tema nada."
A Mulher do "poedor" volta para casa.
A outra arde já para contar a novidade:
Vai espalhá-la em mais de dez lugares.
Em vez de um ovo, ela fala de três.
E ainda não é tudo, pois outra comadre
Fala de quatro, e conta ao ouvido o fato,
Precaução pouco necessária,
Pois não era mais um segredo.
Como o número de ovos, graças à popularidade,
De boca em boca ia crescendo,
Antes do fim do dia,
Subia a mais de um cento.

A Novilha, a Cabra e a Ovelha de sociedade com o Leão

A Novilha, a Cabra e a irmã delas, a Ovelha,
Com um altivo Leão, Senhor das imediações,
Fizeram outrora sociedade, dizem,
E colocaram em comum os ganhos e as perdas.
Nos laços da Cabra um Cervo viu-se aprisionado.
Imediatamente ela chamou seus associados.
Quando chegaram, o Leão contou suas garras
E disse: somos quatro a partilhar a presa.
Em seguida, em tantas partes dividiu o Cervo.
Tomou para si a primeira, na qualidade de Senhor:
Ela deve ser minha, disse ele; e o motivo
É que me chamo Leão:
A isso nada há a dizer.
A segunda, por direito, deve caber-me ainda:
Esse direito vocês conhecem, é o direito do mais forte.
Como o mais valente, pretendo a terceira.
Se alguma de vocês tocar na quarta,
Antes de tudo, eu a estrangularei.

O olho do Dono

Um Cervo, tendo se refugiado em um estábulo de Bois,
Foi logo aconselhado por eles
A procurar um abrigo melhor.
"Meus irmãos", pediu-lhes, "não me denunciem:
Eu lhes ensinarei as pastagens mais suculentas.
Este favor lhes poderá ser útil algum dia,
E vocês não se arrependerão."

Os Bois prometeram, não importando o que acontecesse,
guardar segredo.
O Cervo esconde-se em um canto, respira e ganha coragem.
À noite, trazem erva fresca e forragem,
Como faziam todos os dias.
Vão e vêm, os Criados dão mil voltas,
Assim como o Intendente, e nenhum por acaso
Percebeu nem cornos nem galhos,
Nem cervo enfim. O habitante das florestas
Agradece aos Bois, espera no estábulo
Que, cada um retornando ao trabalho do campo,
Ele ache para sair um momento favorável.
Um dos Bois, ruminando, lhe diz: "Tudo vai indo bem;
Mas o homem dos cem olhos não fez sua revista.
Temo muito a vinda dele por sua causa;
Até lá, pobre Cervo, não se vanglorie."
Nesse momento, o Dono entra e vem fazer sua ronda.
"Que é isso?", diz ele ao seu pessoal;
"Vejo pouca erva em todos esses comedouros;
Essas palhas estão velhas: vão depressa ao sótão.
Quero ver de hoje em diante os Animais mais bem cuidados.
Que custa tirar todas essas Aranhas?
Não poderiam colocar melhor essas cangas e essas coleiras?"
Olhando tudo, ele vê uma cabeça diferente
Daquelas que via normalmente naquele lugar.
O Cervo é descoberto: cada um toma um venábulo,
Cada um dá um golpe no Animal.
Suas lágrimas não poderiam salvá-lo da morte.
Carregam-no, salgam-no, fazem com ele um banquete,
Do qual muitos vizinhos participam.

Fedro sobre esse assunto diz muito elegantemente:
Para ver as coisas, nada como o olho do Dono.
Quanto a mim, eu acrescentaria: e o olho do Amante.

A Panela de barro e a Panela de ferro

A Panela de ferro propôs
À Panela de barro uma viagem.
Esta se desculpou,
Dizendo que procederia como uma pessoa sensata,
Ficaria no canto do fogão;
Pois bastava-lhe muito pouco,
Muito pouco, para que a mínima coisa
De sua ruína fosse a causa:
Dela não sobraria nenhum pedaço.
"Para você", disse ela, "cuja pele
É mais dura do que a minha,
Nada vejo que a retenha."
"Nós a protegeremos",
Replicou a Panela de ferro.
"Se alguma matéria dura
Por acaso a ameaçar,
Entre as duas passarei,
E do choque a salvarei."
Essa oferta a persuade.
Panela de ferro, sua colega,
Põe-se firme a seu lado.
Minhas amigas partem sobre seus três pés,
Claudicando como podem,
Jogadas uma contra a outra,

À menor dificuldade que encontram.
A Panela de barro sofre com isso; não deu cem passos,
Foi posta em cacos por sua Companheira,
Sem que pudesse lamentar-se.

Só nos devemos unir aos nossos semelhantes;
Caso contrário, deveremos temer
O destino de uma dessas Panelas.

O Pastor e o Leão / O Leão e o Caçador

As fábulas não são o que parecem ser;
O animal mais simples nos serve de mestre.
Uma moral sem disfarce provoca aborrecimento;
O conto deixa passar através dele a lição.
Com esse tipo de dissimulação é preciso instruir e agradar;
Contar por contar parece-me de pouco interesse.
É por essa razão que, alegrando o espírito,
Muitos escritores famosos adotaram esse gênero.
Todos evitaram o ornamento e a excessiva extensão;
Não encontramos neles palavra inútil.
Fedro era tão sucinto que alguns o criticaram por isso;
Esopo com menos palavras também se exprimiu.
Mas, entre todos, um certo Grego exagera e se vangloria
De uma elegância concisa;
Ele reduz sempre seu conto a quatro versos.
Bem ou mal, deixo que os peritos o julguem.
Vejamos o fato com Esopo em um assunto semelhante:
Um coloca um Caçador em sua fábula, o outro, um Pastor.
Segui o projeto deles quanto ao resultado,

Acrescentando de passagem apenas algum traço.
Eis como, mais ou menos, Esopo o conta:

Um Pastor, vendo que lhe faltava uma de suas Ovelhas,
Quis a todo custo pegar o Ladrão.
Aproxima-se de uma caverna e estende, à volta dela,
Laços para prender Lobos, desconfiando dessa raça.
"Antes que eu abandone esses lugares,
Se fizeres, invocava, ó Monarca dos deuses,
Que o velhaco nestes laços se prenda em minha presença,
E que eu saboreie esse prazer,
Entre vinte Bezerros quero escolher
O mais gordo para oferecer-te."
A essas palavras sai da caverna um Leão grande e forte.
O Pastor se esconde e diz, mais morto do que vivo:
"Como o homem não sabe, pobre de mim, o que pede!
Para achar o Ladrão que destruiu meu rebanho,
E vê-lo preso nesses laços antes que eu partisse,
Ó Monarca dos deuses, prometi um Bezerro:
Prometo-te um Boi se fizeres que ele se afaste."
Foi assim que o contou o Autor principal;
Passemos a seu imitador.

Um Fanfarrão amante da caça,
Acabando de perder um Cão de boa raça,
Que ele pensava estar na barriga de um Leão,
Viu um Pastor. Ensine-me, por favor,
De meu Ladrão, disse-lhe, a casa,
Para que me vingue.

O Pastor respondeu: É nesta montanha.
Pagando-lhe como tributo um Carneiro
Por mês, ando no campo
Como me apraz; e vivo com tranquilidade.
No momento em que trocavam essas palavras,
O Leão sai e vem com passo ágil.
O Fanfarrão logo procura esquivar-se.
Ó Júpiter, mostre-me algum abrigo,
Exclamou, que me possa salvar.

A verdadeira prova de coragem
Só se demonstra no perigo que se toca com o dedo.
Aquele que o procurava, diz ele, muda de tom
E foge logo que o percebe.

O Pastor e seu rebanho

O quê? Faltar-me-á sempre
Alguém desse povo sem vigor!
Sempre o Lobo me comerá um deles!
É inútil contá-los: eram mais de mil,
E deixaram que me raptassem o pobre Robin;
Robin, o Carneiro que, pela cidade,
Seguia-me por um pouco de pão,
E ter-me-ia seguido até o fim do mundo.
Ai de mim! De minha gaita ele conhecia o som!
Sentia minha aproximação a cem passos de distância.
Ah! Pobre Carneiro Robin!
Quando Guillot terminou essa oração fúnebre
E tornou célebre a memória de Robin,

Discursou para todo o rebanho,
Os chefes, a multidão e até o menor cordeiro,
Conjurando-os a manterem-se firmes:
Somente assim conseguiriam afastar os Lobos.
Palavra de gente honrada, todos lhe prometeram
Não se movimentar mais do que um palmo.
"Queremos", disseram, "sufocar o glutão
Que nos roubou o Carneiro Robin."
Cada um prometeu por sua vida.
Guillot acreditou neles e os felicitou.
Entretanto, antes que anoitecesse,
Aconteceu novo problema.
Um Lobo apareceu; o rebanho inteiro fugiu:
Não era um Lobo, era apenas uma sombra.
Façam discursos para maus soldados,
Eles prometerão esforçar-se;
Mas, ao menor perigo, adeus coragem:
Exemplo e gritos não os deterão.

Os Peixes e o Alcatraz

Não havia, em toda a vizinhança, uma única lagoa
Da qual um Alcatraz não se tivesse servido.
Viveiros e reservatórios pagavam-lhe pensão.
Sua cozinha era excelente; entretanto, quando a idade avançada
Enrijeceu o pobre animal,
Essa cozinha modificou-se.
Todo Alcatraz é ele próprio seu abastecedor.

O nosso, demasiado velho para enxergar os peixes no fundo
das águas,
Não tendo nem malhas nem redes,
Sofria uma privação extrema.
Que fez ele? A necessidade, mestra em estratagema,
Forneceu-lhe o seguinte. À beira de uma lagoa,
O Alcatraz viu um Caranguejo.
"Meu compadre", disse, "vá imediatamente
Levar uma notícia importante
A essa gente. A morte dela está decretada:
O dono deste lugar virá pescar dentro de oito dias."
O Caranguejo vai depressa
Contar o caso: grande é o tumulto.
Correm, reúnem-se, enviam delegados
Ao Pássaro: "Senhor Alcatraz,
De onde lhe chega essa informação? Qual é sua garantia?
Está seguro dessa questão?
Não conhece alguma solução? Que é bom fazer?".
"Mudar de lugar", responde. "Como faremos isso?"
"Não se preocupem: eu os levarei,
Um de cada vez, para meu refúgio.
Somente Deus e eu conhecemos os caminhos:
Não há morada mais secreta.
Um viveiro que a natureza cavou com suas próprias mãos,
Desconhecido pelos homens traidores,
Salvará sua república."
Acreditaram nele. O povo aquático,
Um após o outro, foi transportado
Para aquele lugar pouco frequentado.
Ali, o Alcatraz, o bom apóstolo,

Tendo-os colocado em um local
Transparente, pouco profundo e muito estreito,
Pegava-os sem dificuldade, um dia um, um dia outro.
Ensinou-lhes às custas deles próprios
Que nunca se deve ter confiança
Naqueles que têm o hábito de comer gente.
Não perderam grande coisa, visto que a raça humana
Teria, da mesma forma, devorado sua boa porção;
Que importa quem vai comê-lo? Homem ou lobo, toda barriga
Parece-me igual nesse aspecto;
Um dia antes, um dia depois,
Não há grande diferença.

O Porco, a Cabra e o Carneiro

Uma Cabra, um Carneiro e um Porco gordo,
Juntos no mesmo carro iam à feira:
Não era o divertimento que os levava para lá;
Iam vendê-los, conforme diz a história:
O Cocheiro não tinha intenção
De levá-los para ver Tabarin, o comediante.
O Senhor Porco gritava a caminho
Como se houvesse cem Açougueiros em sua perseguição.
Era um clamor de tornar surdas as pessoas:
Os outros animais, criaturas mais dóceis,
Boas pessoas, admiravam-se de que ele pedisse socorro;
Eles não viam mal nenhum a temer.
O Cocheiro disse ao Porco: "Que tanto tem a lamentar-se?
Você nos atordoa; por que não fica calado?

Essas duas pessoas mais experientes do que você,
Deveriam ensiná-lo a viver ou, pelo menos, a calar-se.
Olhe este Carneiro; disse ele uma única palavra?
Ele é sensato". "É um bobo",
Replicou o Porco, "se ele soubesse seu destino,
Gritaria como eu, do fundo de sua garganta.
E essa outra pessoa experiente
Berraria da mesma forma.
Eles pensam que querem apenas aliviá-los,
A Cabra de seu leite, o Carneiro de sua lã.
Não sei se eles têm razão;
Quanto a mim, que sou bom
Apenas para ser comido, minha morte é certa.
Adeus meu teto e minha casa."

O Senhor Porco raciocinava como personagem perspicaz:
Mas para que lhe servia isso? Quando o mal é certo,
Nem a queixa nem o choro mudam o destino;
E o menos previdente é sempre o mais sensato.

A Rã e o Rato

Como disse Merlin, quem quer enganar o outro,
Engana-se muitas vezes a si mesmo.
Lamento que essas palavras estejam muito velhas atualmente:
Elas sempre me pareceram de extrema força.
Para chegar ao fim que me propus,
Um Rato de boa aparência, gordo e dos mais nutridos,
Que não conhecia o jejum do Advento nem o da Quaresma,
À beira de um pântano alegrava seu espírito.

Uma Rã se aproxima e lhe diz em sua língua:
"Venha ver-me em minha casa, far-lhe-ei um festim".
O Senhor Rato prometeu imediatamente:
Não havia necessidade de longo discurso.
Ela, entretanto, falou das delícias do banho,
Da curiosidade, do prazer da viagem,
De cem coisas raras para ver ao longo do pântano:
Um dia ele descreveria aos netos
As belezas daqueles lugares, os costumes de seus habitantes,
E o governo da república
Aquática.
Uma dificuldade apenas retinha o Rato:
Ele nadava pouco e precisava de ajuda.
A Rã acha um remédio muito bom para isso:
O Rato foi amarrado pela pata ao seu pé;
Um ramo de junco resolveu o problema.
Dentro do pântano, nossa boa Comadre
Trata de arrastar seu Convidado para o fundo da água,
Contra o direito das pessoas, contra a fé jurada;
Pretende fazer com ele uma lauta refeição;
(Era, em sua opinião, uma excelente porção).
Já em imaginação a Velhaca o devora.
Ele invoca os deuses; a Pérfida zomba dele.
Ele resiste; ela puxa. Nesse novo combate,
Um Milhafre, que planava no ar, que fazia a ronda,
Vê do alto o pobrezinho se debatendo sobre a onda.
Vem direto a ele, prende-o e, pelo mesmo meio,
A Rã e o laço.
Tudo foi junto; e tão bem,
Que, por essa dupla presa,

O Pássaro ficou muito contente:
Teria, dessa maneira,
Carne e peixe para jantar.

O ardil mais bem urdido
Pode prejudicar seu inventor;
E muitas vezes a perfídia
Recai sobre seu autor.

A Rã que quis ficar tão grande quanto o Boi

Uma Rã viu um Boi
Que lhe pareceu de belo tamanho.
Ela, que era tão pequena quanto um ovo,
Invejosa, estica-se, incha-se e se esforça
Para igualar o animal em tamanho,
Dizendo: "Olhe bem, minha irmã;
Basta? diga-me; ainda não consegui?".
"Não." "E agora?" "Absolutamente." "Cheguei ao ponto?"
"Nem de longe." O pobre animal
Inchou tanto que estourou.

O mundo está cheio de pessoas não mais ajuizadas:
Todo plebeu quer fazer como os grandes senhores,
Todo pequeno príncipe tem embaixadores,
Todo marquês quer ter pajens.

A Raposa e as uvas

Certa Raposa da Gasconha, outros dizem que era normanda,
Quase morta de fome, viu no alto de uma parreira

Uvas que pareciam maduras
E cobertas de casca vermelha.
A Astuta as teria comido com prazer,
Mas não podia alcançá-las.
Disse então: "Estão muito verdes, boas só para os grosseirões".

Não fez ela melhor do que se lamentar?

A Raposa sem rabo

Uma velha Raposa, mas das mais astutas,
Grande devoradora de Frangos, grande caçadora de Coelhos,
Que a uma légua era pressentida,
Caiu enfim na armadilha.
Por grande acaso pôde escapar,
Não de graça porém; como penhor, aí deixou seu rabo.
Tendo, repito, se salvado sem rabo e envergonhada,
Para ter outros semelhantes a ela (como era hábil),
Um dia em que as Raposas realizavam assembleia, disse:
"Que fazemos com esse peso inútil,
Que vai varrendo todos os caminhos lamacentos?
Para que nos serve esse rabo? É preciso cortá-lo:
Se me acreditarem, cada uma se decidirá a fazê-lo".
"Sua opinião é muito boa", disse alguém do grupo.
"Mas vire-se, por favor, e lhe responderemos."
A essas palavras, houve uma tal algazarra,
Que a pobre Cotó não pôde ser ouvida.
Pretender eliminar o rabo fora tempo perdido;
A moda não foi alterada.

O Rato da cidade e o Rato dos campos

Outrora o Rato da cidade
Convidou o Rato dos campos,
De um modo muito cortês,
Para comer restos de comida muito fina.

Sobre um tapete persa
A mesa foi posta.
Deixo que imaginem a festa
Que fizeram esses dois amigos.

O jantar estava excelente;
Nada faltava ao festim:
Mas alguém perturbou a festa
Enquanto eles a realizavam.

Na porta da sala
Ouviram barulho.
O Rato da cidade foge;
Seu colega o segue.

Cessa o ruído, foram embora.
Os Ratos voltam imediatamente;
E o Citadino disse:
"Acabemos depressa nosso assado".

"Basta", disse o Camponês;
"Amanha você virá à minha casa,
Lá não tenho habitualmente
Todos os seus festins de rei:

Mas nada vem interromper-me.
Como à vontade.
Adeus, pois. Pouco vale o prazer
Que o medo pode estragar!"

O Sol e as Rãs

Nas núpcias de um Soberano Absoluto, o Povo
transbordante de alegria
Afogava as preocupações nas jarras de vinho.
Somente Esopo achava que as pessoas eram tolas
Em demonstrar tanto regozijo.
O Sol, dizia ele, teve intenção outrora
De sonhar com o himeneu.
Logo se ouviu em uníssono
Queixarem-se de seu destino
As Cidadãs dos Charcos.
"Que faremos, se ele tiver filhos?",
Disseram elas à Sorte, "Um Sol apenas
Podemos suportar. Meia dúzia
Secará o mar e todos os seus habitantes.
Adeus juncos e pântanos. Nossa raça será destruída.
Logo a veremos reduzida
À água do Estige." Para um pobre Animal,
As Rãs, em minha opinião, não raciocinam mal.

A Vendedora e a jarra de leite

Perrette, tendo sobre a cabeça uma jarra de leite,
Bem apoiada sobre uma rodilha,

Esperava chegar sem atropelo à cidade.
Com roupa leve e curta, ela caminhava com grandes passadas,
Tendo posto, naquele dia, para ser mais rápida,
Saia simples e sapatos baixos.
Nossa Vendedora de leite assim preparada
Já contava em pensamento
Todo o preço do leite e aplicava o dinheiro:
Comprava um cento de ovos, fazia uma tríplice ninhada.
Tudo seria perfeito graças a seu cuidado diligente.
"É fácil", dizia ela,
"Criar frangos em volta de minha casa;
A Raposa terá de ser muito hábil
Para não me deixar o suficiente para ter um porco.
O porco para engordar exigirá pouco farelo;
Quando eu o tiver com peso razoável,
Terei, revendendo-o, um bom dinheiro.
E quem me impedirá de colocar em nosso estábulo,
Visto o preço que custam, uma vaca e seu bezerro,
Que verei saltar no meio do rebanho?"
Perrette nesse momento pula também, entusiasmada;
O leite cai: adeus bezerro, vaca, porco, ninhada.
A Senhora desses bens, deixando com olhar pesaroso
Sua fortuna assim espalhada,
Vai desculpar-se a seu marido,
Com grande risco de apanhar.
O relato foi feito em forma de farsa;
Chamaram-no "A jarra de leite".

Que pensamento não divaga?
Quem não constrói castelos no ar?

Picrochole, Pyrrhus, a Vendedora de leite, todos enfim,
Tanto os ajuizados quanto os loucos?
Todos sonham acordados; não há nada mais doce:
Um engano lisonjeiro arrasta então nossas almas;
Todo o bem do mundo é nosso,
Todas as honras, todas as mulheres.
Quando estou sozinho, faço ao mais bravo um desafio;
Saio de mim, vou destronar o soberano da Pérsia;
Elegem-me Rei, meu povo me ama;
Os diademas caem sobre minha cabeça:
Um tropeço faz-me voltar a mim
E eu torno a ser João-Ninguém como antes.

Apêndices

Notas explicativas

Fábulas greco-latinas (Esopo, Bábrio, Fedro e Aviano)

Águia: ave predileta de Zeus e, por isso, a rainha das aves.

Amalteia: nome da cabra que amamentou Zeus durante o tempo em que ele viveu na Ilha de Creta. Certo dia, Zeus estava brincando com a cabra quando ela bateu o corno contra uma árvore e quebrou-o. A ninfa Melissa cuidou do ferimento de sua cabeça; o corno, que Zeus dotou de virtudes mágicas, foi dado de presente à ninfa, tornando-se conhecido como o Corno da Abundância, porque a um simples pedido se enchia de toda a espécie de alimentos.

Andorinha: antes de ser passarinho, a andorinha era uma princesa ateniense chamada Filomela, irmã de Procne, filhas do rei Pândion. Filomela foi violentada por Tereu, rei da Trácia e seu cunhado, que lhe cortou a língua para impedi-la de contar à irmã o sucedido. Contudo, ela consegue denunciá-lo bordando em uma tela o crime de que fora vítima. Auxiliada por Filomela, Procne se vinga do marido matando o próprio filho, o pequeno Ítis, e servindo-o como refeição a Tereu. Ao se dar conta de que estava comendo a carne do próprio filho, Tereu persegue as duas irmãs; elas, por sua vez, imploram a proteção dos deuses que, condoídos com a desgraça daquela família, transformam a todos em aves: Filomela em andorinha, Procne em rouxinol, Tereu em poupa. Além da alusão ao mito, a fábula faz referência à paixão dos atenienses pelas atividades forenses.

Atena: filha de Zeus e padroeira da cidade de Atenas, era a deusa da sabedoria e da prudência; dentre suas funções estava a proteção ao artesanato feminino (fiação, tecelagem e bordado) e masculino (carpintaria e forja).

Bens e males: segundo o poeta Hesíodo, eles vieram para a terra no interior do jarro trazido por Pandora, a primeira mulher, enviada por Zeus aos homens como presente. Por determinação de Zeus, Pandora destampa o jarro e os bens e os males se espalham pelo mundo.

Brekekekex: onomatopeia que reproduz o coaxar das rãs, forjada por Aristófanes na comédia *Rãs*, apresentada em 405 a.C.

Camiro: cidade da ilha de Rodes.

carvalho: árvore consagrada a Zeus, o soberano dos deuses olímpicos.

corvo: considerada a mais abjeta das aves, predadora de cadáveres, estava associada à morte e à deterioração. Seu sonho, na fábula "O corvo e a raposa", é ascender na escala social e tornar-se rei das aves, ocupando, portanto, o lugar da águia, a ave de Zeus. Era também o nome de diversos objetos recurvos como o bico do corvo; na fábula "A criança e o corvo", é o nome do trinco da arca.

Demades: orador ateniense, do século IV a.C.

Deméter: deusa da fertilidade, corresponde, na mitologia latina, a Ceres.

Há um deus em teu caminho: expressão grega que significa "você está com sorte, pois veio procurar a pessoa certa".

Héracles ou *Hércules*, entre os romanos: o famoso herói dos doze trabalhos era mortal, filho de Zeus e de Alcmena; contudo, após sua morte tornou-se imortal, indo morar no Olimpo, com os demais deuses. Em Roma, Hércules recebia culto público, cuja festa principal era celebrada no dia 12 de agosto.

Hermes: deus mensageiro do Olimpo que acumulava entre suas funções a de protetor dos pastores.

Hidra: cobra d'água.

Íris: personificação do arco-íris, é a mensageira dos deuses, particularmente de Hera, a esposa de Zeus.

Júpiter: na mitologia latina, corresponde a Zeus, o pai dos deuses.

Libação: oferenda de vinho puro, vertido sobre um altar ou sobre um animal sacrificado em honra a uma divindade. Era a forma tradicional com que os gregos selavam a conclusão de um tratado.

Momo: divindade que personifica a crítica sarcástica, é filho da Noite e irmão da Discórdia.

Nêmesis: a deusa "que vela pelo mundo terreno" é a personificação da vingança divina que castiga o crime e o orgulho excessivo dos mortais.

ninfas: divindades menores habitantes dos campos, dos bosques e das águas.

Órion do arco de ouro: caçador mítico que morreu vítima da picada de um escorpião, enviado pelos deuses como castigo por ter ele tentado violentar a deusa Ártemis. Depois de morto, ele e o escorpião foram transformados em constelações.

Pã: deus dos pastores e dos rebanhos, era representado metade homem, metade bode, com dois chifres e o corpo todo coberto de pelos.

Peã: canto coral de alegria entoado em ocasiões solenes, em honra de deuses.

Pireu: nome do principal porto de Atenas.

Prometeu: divindade da família dos Titãs, fabricou os homens moldando-os em massa de argila e água; a alma e a vida foi insuflada nessas criaturas pela deusa Atena.

Súnion: promontório situado a oeste de Atenas.

Tiríntio regente: antonomásia para o divino herói Hércules (cf. nota sobre Héracles/Hércules), por ter crescido na cidade grega de Tirinto, onde sua mãe, Alcmena, era rainha.

Zeus ou *Júpiter*, entre os romanos: soberano dos deuses e, por isso, chamado "pai dos deuses".

Fábulas indianas

Çamî: árvore de madeira muito rija, a ponto de supor-se que contém fogo.

Citra-varna: "que tem a pele salpicada".

Gunja: arbusto que produz frutos vermelhos e pretos, parecidos com brasas de fogo.

Karpûra-vilâsa: "que se diverte com a cânfora".

Mada-utkata: "excitado pela bebida".

Mahâ-tapa: "grande penitência".

Padma-garbha: "repleto de lótus".

Soma-çarma: "alegria do *soma* (líquido inebriante)".

Sûcî-mukha: "que tem o bico em forma de agulha".

Sva-bhava-karpana: "avaro por natureza".

Fábulas de La Fontaine

Cáucaso: cordilheira asiática, situada entre o Mar Negro e o Mar Cáspio.

Citera: epíteto de Afrodite, a Vênus dos romanos, deusa do amor carnal; o "filho de Citera" é Eros, que os romanos assimilavam ao deus Cupido.

Deão: sinônimo de "decano", significa "o mais antigo ou mais velho dos membros de uma assembleia ou de uma reunião".

Diógenes: filósofo grego (século III a.C.) adepto do cinismo, é lembrado por La Fontaine como personagem dos *Diálogos dos mortos*, do escritor Luciano (século II), ambientados no mundo dos mortos; aí Diógenes se ocupa em zombar dos ricos e poderosos que sofriam por não conseguir desprender-se dos bens e privilégios que detinham em vida.

Estige: na mitologia grega, é um dos rios que correm no subterrâneo, onde se situavam os Infernos.

Febo: epíteto do deus Apolo, deus da luz, da música e da profecia, era adorado no final da Antiguidade como deus do sol.

Fênix: ave mítica, associada no Egito com o culto ao sol, era concebida em forma de águia dotada de beleza ímpar, dado o colorido de suas asas, douradas e rubras. Ave única de sua espécie, vivia vários séculos e, quando pressentia a morte, queimava-se em um ninho de plantas aromáticas, que ela própria fabricava e incendiava. De suas cinzas renascia uma nova fênix.

Gasconha: região do sul da França, na divisa com a Espanha.

Inseto: nome dado aos animais que continuavam vivos após terem perdido alguma parte do corpo, como a rã, os lagartos e as serpentes.

Louvre: museu parisiense, um dos mais famosos do mundo.

Megera: uma das três Erínias, que os romanos denominavam Fúrias; representadas como mulheres negras e aladas, com serpentes na cabeça, eram divindades habitantes dos infernos que se ocupavam da vingança dos crimes, sobretudo dos praticados no seio da família.

Merlin: mago famoso do romanceiro da Távola Redonda.

Monarca dos Deuses: epíteto de Júpiter, o Zeus dos romanos.

Pássaro de Minerva: epíteto da coruja, animal sagrado da deusa Atena, chamada Minerva pelos romanos.

Pássaro de Vênus: epíteto da pomba, animal consagrado a Afrodite, a deusa do amor, chamada Vênus pelos romanos.

Picardia: região do norte da França.

Picrochole: personagem criada por Rabelais na obra *Gargântua*, que sonha com grandes conquistas.

Pyrrhus: rei do Epiro, sonhava em tornar-se o conquistador do mundo.

Tereu: cf. andorinha.

Um certo Grego: referência velada ao fabulista Bábrio, que La Fontaine conhecia provavelmente graças a citações e paráfrases. Como exemplo de "elegância concisa" de Bábrio, veja-se nesta antologia a fábula "O lagarto e a cobra".

Índices das fábulas

Listam-se, a seguir, as fábulas de cada autor em ordem alfabética, informando-se à frente de todas, entre parênteses, a referência necessária para os interessados que desejarem cotejá-las com o texto original. Assim, as fábulas de Esopo trazem o número do texto grego estabelecido por E. Chambry (*Ésope. Fables*. Paris: Les Belles Lettres, 1923); as de Bábrio e Fedro, o número do texto original segundo a edição de Perry (*Babrius and Phaedrus*. Londres: Heinemann, 1965); as de Aviano seguem os números da edição de Robinson Ellis (*The Fables of Avianus*, with prolegomena, critical apparatus, commentary, excursus and index. Oxford: Clarendon, 1887); as indianas seguem os textos editados por M. R. Kale (*Pañcatantra* [1991], 1912; *Hitopadeça* [1980], 1896), publicados em Delhi pela editora Motilal Banarsidass. Por fim, as de La Fontaine seguem a edição publicada pela Editora Gallimard (La Fontaine. *Oeuvres complètes*. I. *Fables, contes et nouvelles*. Paris, 1991).

Esopo (85 fábulas)

O asno com pele de leão e a raposa (267)
O asno e o hortelão (273)
O asno que carregava sal (265)
O asno que felicitava o cavalo (268)
O asno que se julgava leão (279)
O astrônomo (65)
O avarento (344)
O bambu e a oliveira (143)
Os bens e os males (1)
O boieiro e o leão (74)
Os bois e o eixo (70)
O cabrito e o lobo que tocava flauta (107)
O caçador covarde e o lenhador (93)
A cadela que carregava carne (185)
Os caminheiros e o machado (256)
O cão, o galo e a raposa (180)
O carreiro e Héracles (72)
Os carvalhos e Zeus (99)
O castor (153)
O cavalo e o asno (141)
O cavalo, o boi, o cão e o homem (139)
A cigarra e a raposa (335)
A cigarra e as formigas (336)
A corça caolha (105)
A corça e a videira (103)
A corça na fonte e o leão (102)
O corvo e a raposa (165)
A criança e o corvo (294)
Os dois embornais (303)
A doninha e o galo (12)

O estômago e os pés (159)
Os filhotes da macaca (307)
A formiga e a pomba (242)
A formiga e o escaravelho (241)
A galinha dos ovos de ouro (287)
A gralha e as aves (162)
A gralha e as pombas (163)
A gralha e os corvos (161)
O homem grisalho e as cortesãs (52)
O lavrador e a cobra enregelada (82)
O leão e o javali (203)
O leão e o onagro (207)
O leão e o rato agradecido (206)
O leão velho e a raposa (196)
O leão, a raposa e a corça (199)
O leão, o asno e a raposa (209)
O leão, o lobo e a raposa (205)
O leão, o urso e a raposa (200)
O leão, Prometeu e o elefante (210)
O leitão e os cordeiros (94)
O lenhador e Hermes (253)
A leoa e a raposa (194)
O lobo e a velha (223)
O lobo e o cão (226)
O lobo e o cordeiro (221)
O lobo e o leão (227)
O lobo saciado e a ovelha (230)
O macaco e o golfinho (305)
O menino e o leão desenhado (295)
O morcego e as doninhas (251)

O mosquito e o leão (188)
A mulher e a galinha (90)
A novilha e o boi (92)
O orador Demades (96)
As panelas (354)
A perdiz e o homem (300)
O pescador que tocava flauta (24)
A raposa cotó (41)
A raposa e a cobra (33)
A raposa e a máscara (43)
A raposa e as uvas (32)
A raposa e o bode (40)
As rãs que pediam um rei (66)
O rato do campo e o rato da cidade (243)
O rato e a rã (244)
O rouxinol e o falcão (8)
O Sol e as rãs (127)
A tartaruga e a lebre (352)
A velha e o médico (87)
O velho e a morte (78)
Os viajantes e a ursa (254)
Zeus e a tartaruga (125)
Zeus, Prometeu, Atena e Momo (124)

Fedro (26 fábulas)

Acerca dos defeitos dos homens (IV, 10)
O bufão e o camponês (V, 5)
A cadela que estava para dar cria (I, 19)
O cão que levava um pedaço de carne por um rio (I, 4)

O careca e a mosca (V, 3)
O cervo junto à fonte (I, 12)
O cervo junto aos bois (II, 8)
Os dois burros e os ladrões (II, 7)
Os dois carecas (V, 6)
A gralha orgulhosa e o pavão (I, 3)
O homem e a serpente (IV, 20)
O lobo e o cão (III, 7)
O lobo e o cordeiro (I, 1)
A montanha dando à luz (IV, 24)
A mulher dando à luz (I, 18)
A ovelha, o cão e o lobo ((I, 17)
A rã arrebentada e o boi (I, 24)
A raposa e a águia (I, 28)
A raposa e o bode (IV, 9)
A raposa e a cegonha (I, 26)
A raposa e o corvo (I, 13)
A raposa e as uvas (IV, 3)
As rãs e o Sol (I, 6)
As rãs e os touros (I, 30)
A vaca, a cobra, a ovelha e o leão (I, 5)
A velha e a garota que gostavam do mesmo homem (II, 2)

Bábrio (30 fábulas)

O abeto e o cardo (64)
O asno em pele de leão (139)
O asno que carregava sal (111)
O boieiro e o leão (23)
O caçador e o leão (92)

A cadela que carregava carne (79)
O carvalho e o bambu (36)
O cavalo e o asno (7)
O cervo na fonte (43)
A cigarra e a formiga (140)
O corvo e a raposa (77)
Os dois embornais (66)
Os filhotes da macaca (35)
A galinha dos ovos de ouro (123)
A gralha e as aves (72)
Héracles e o boieiro (20)
O homem de meia-idade e as amantes (22)
O lagarto e a serpente (41)
O lavrador e a cobra (143)
O leão e o onagro (67)
O leão e o rato (107)
O leão velho e a raposa (103)
O lobo e a ama (16)
O lobo e a raposa (53)
O lobo e o cão (100)
O lobo e o cordeiro (89)
O pássaro e o galo (124)
A raposa e as uvas (19)
O rato do campo e o rato da cidade (108)
O Sol e as rãs (24)

Aviano (11 fábulas)

O bezerro e o boi (36)
O burro vestido com pele de leão (5)
O cachorro e o leão (37)

O carvalho e o caniço (16)
A cigarra e a formiga (34)
Os dois companheiros e a ursa (9)
As duas vasilhas (11)
O lavrador e os bois *ou* o preguiçoso rezando a Hércules em vão (32)
A nutriz e o menino (1)
A pata que botava ovos de ouro (33)
O pinheiro e o espinheiro (19)

Fábulas indianas (8 fábulas)

O burro na pele de tigre (*Hitopadeça*, III)
O chacal azul (*Hitopadeça*, III)
O rato e o eremita (*Hitopadeça*, IV)
A garça e o caranguejo (*Hitopadeça*, IV)
O leão, o corvo, o tigre, o chacal e o camelo (*Hitopadeça*, IV)
O brâmane e o pote de farinha (*Pañcatantra*, V)
Os macacos e o pássaro (*Pañcatantra*, I)
A fêmea do pardal e o macaco (*Pañcatantra*, I)

La Fontaine (53 fábulas)

A Águia e a Coruja (V, 18)
O Aldeão e a Serpente (VI, 13)
Os Animais doentes de Peste (VII, 1)
O Avarento que perdeu seu tesouro (IV, 20)
A Bolota e a Abóbora (IX, 4)
O Burro carregado de esponjas e o Burro carregado de sal (II, 10)

O Burro vestido com a pele do Leão (V, 21)
A Cadela de caça e sua Companheira (II, 7)
O Carvalho e o Caniço (I, 22)
O Cavalo e o Burro (VI, 16)
O Cervo e a Vinha (V, 15)
O Cervo vendo-se na água (VI, 9)
O Corvo e a Raposa (I, 2)
A Cigarra e a Formiga (I, 1)
Conselho feito pelos Ratos (II, 2)
O Coche e a Mosca (VII, 8)
Os dois Mulos (I, 4)
Os dois Pombos (IX, 2)
Os dois Touros e a Rã (II, 4)
O Gaio enfeitado com penas de Pavão (IV, 9)
A Galinha dos ovos de ouro (V, 13)
O Galo e a Raposa (II, 15)
Os Ladrões e o Asno (I, 13)
O Leão doente e a Raposa (VI, 14)
O Leão e o Mosquito (II, 9)
O Leão e o Rato / A Pomba e a Formiga (II, 11 e 12)
O Leão, o Lobo e a Raposa (VIII, 3)
O Lobo e o Cão (I, 5)
O Lobo e o Cordeiro (I, 10)
O Lobo, a Cabra e o Cabrito / O Lobo, a Mãe e o Filho (IV, 15 e 16)
O Milhafre e o Rouxinol (IX, 18)
O Morcego e as duas Doninhas (II, 5)
A Morte e o Lenhador (I, 16)
A Mosca e a Formiga (IV, 3)
As mulheres e o segredo (VIII, 6)

A Novilha, a Cabra e a Ovelha de sociedade com o Leão (I, 6)
O olho do Dono (IV, 21)
A Panela de barro e a Panela de ferro (V, 2)
O Pastor e o Leão / O Leão e o Caçador (VI, 1 e 2)
O Pastor e seu rebanho (IX, 19)
Os Peixes e o Alcatraz (X, 3)
O Porco, a Cabra e o Carneiro (VIII, 12)
A Rã e o Rato (IV, 11)
A Rã que quis ficar tão grande quanto o Boi (I, 3)
A Raposa e as uvas (III, 11)
A Raposa sem rabo (V, 5)
O Rato da cidade e o Rato dos campos (I, 9)
O Sol e as Rãs (VI, 12)
A Vendedora e a jarra de leite (VII, 9)

Lobato, Millôr e a tradição da fábula: relações intertextuais

A tabela a seguir agrupa as fábulas desta antologia que mantêm alguma relação intertextual entre elas mesmas e as fábulas de Lobato e de Millôr. Para Monteiro Lobato, consideram-se os textos de *Fábulas* (8.ed. São Paulo: Brasiliense, 1977); as fábulas de Millôr Fernandes, citadas aqui, estão publicadas em *Fábulas fabulosas* (5.ed. Rio de Janeiro: Nórdica, 1977), *Novas fábulas fabulosas* (3.ed. Rio de Janeiro: Nórdica, 1985) e *Eros uma vez* (Rio de Janeiro: Nórdica, 1987).

Esopo	Bábrio	Fedro	Aviano	Índia	La Fontaine	Lobato	Millôr
A cigarra e as formigas	A cigarra e a formiga		A cigarra e a formiga		A Cigarra e a Formiga	A cigarra e as formigas	
					A Águia e a Coruja	A coruja e a águia	
A raposa e a serpente	O lagarto e a serpente	A rã arrebentada e o boi			A Rã que quis ficar tão grande quanto o Boi	A rã e o boi	A rã e o boi
					A Bolota e a Abóbora	O reformador do mundo	
A gralha e os corvos A gralha e as aves A gralha e as pombas	A gralha e as aves	A gralha orgulhosa e o pavão		O chacal azul	O Gaio enfeitado com penas de Pavão	A gralha enfeitada com penas de pavão	
O rato do campo e o rato da cidade	O rato do campo e o rato da cidade				O Rato da cidade e o Rato dos campos	O rato da cidade e o rato do campo	

Esopo	Bábrio	Fedro	Aviano	Índia	La Fontaine	Lobato	Millôr
O boieiro e o leão	O boieiro e o leão				O Pastor e o Leão O Leão e o Caçador	O pastor e o leão	
O asno que carregava sal	O asno que carregava sal				O Burro carregado de esponjas e o Burro carregado de sal	Burrice	
		A ovelha, o cão e o lobo				O julgamento da ovelha	
					O Pastor e seu rebanho	Os carneiros jurados	
		As rãs e os touros			Os dois touros e a Rã	O touro e as rãs	
					Conselho feito pelos Ratos	A assembleia dos ratos	Na hora de ratificar
O cão, o galo, e a raposa					O Galo e a Raposa	O galo que logrou a raposa	

Esopo	Bábrio	Fedro	Aviano	Índia	La Fontaine	Lobato	Millôr
O leão, o asno e a raposa						Os dois viajantes na macacolândia	O leão, o burro e o rato O leão e o rato
				O brâmane e o pote de farinha	A Vendedora e a Jarra de leite	A menina do leite	O menino favelado de espírito empreendedor
O Sol e as rãs	O Sol e as rãs	As rãs e o Sol			O Sol e as Rãs	A rã sábia Mal maior	
A corça e a videira					O cervo e a vinha	O veado e a moita	
O velho e a morte					A Morte e o Lenhador	A morte e o lenhador	O miserável e a morte
A corça à beira do riacho e o leão	O cervo à beira do lago	O cervo junto à fonte			O Cervo vendo-se na água	O útil e o belo	

Esopo	Bábrio	Fedro	Aviano	Índia	La Fontaine	Lobato	Millôr
O asno vestido com pele de leão e a raposa O asno que se julgava leão	O asno em leão		O burro vestido com uma pele de leão	O burro na pele de tigre	O Burro vestido com a pele do Leão	O burro na pele do leão	
A raposa cotó					A Raposa sem rabo	A raposa sem rabo	O camelô acamelado
A corça caolha A criança e o corvo O menino o leão desenhado						O peru medroso	
O leão, o lobo e a raposa					O Leão, o Lobo e a Raposa	O leão, o lobo e a raposa	

Esopo	Bábrio	Fedro	Aviano	Índia	La Fontaine	Lobato	Millôr
A novilha e o boi			O bezerro e o boi			O sabiá na gaiola	
O lobo e o cão	O lobo e o cão	O lobo e o cão	O leão e o cachorro		O Lobo e o Cão	O cão e o lobo	
O abeto e o cardo	O abeto e o cardo		O pinheiro e o espinheiro			O corvo e o pavão	
				O leão, o corvo, o tigre, o chacal e o camelo	Os Animais doentes de Peste	Os animais e a peste	
O carreiro e Héracles	Héracles e o boieiro		O lavrador e os bois *ou* o preguiçoso rezando a Héracles em vão			O carreiro e o papagaio	
					A Mosca e a Formiga	A mosca e a formiguinha	

Esopo	Bábrio	Fedro	Aviano	Índia	La Fontaine	Lobato	Millôr
		Os dois burros e os ladrões			Os dois Mulos	Os dois burrinhos	
					O dois Pombos	Os dois pombinhos	
		A cadela que estava para dar cria			A Cadela de caça e sua Companheira	As duas cachorras	
					O Lobo, a Cabra e o Cabrito O Lobo, a Mãe e o Filho	A cabra, o cabrito e o lobo	
O leão, o urso e a raposa					Os Ladrões e o Asno	Os dois ladrões	
O mosquito e o leão					O Leão e o Mosquito	A mutuca e o leão	
O rouxinol e o falcão	O pássaro e o galo				O Milhafre e o Rouxinol	A fome não tem ouvidos	

Esopo	Bábrio	Fedro	Aviano	Índia	La Fontaine	Lobato	Millôr
		O cervo junto dos bois			O olho do Dono	O olho do dono	
O avarento					O Avarento que perdeu seu tesouro	Unha-de-fome	
O leão, a raposa e a corça						O lobo velho	
O rato e a rã					A Rã e o Rato	O rato e a rã	
O lobo e o cordeiro	O lobo e o cordeiro	O lobo e o cordeiro			O Lobo e o Cordeiro	O lobo e o cordeiro	O lobo e o cordeiro
O cavalo e o asno	O cavalo e o asno				O Cavalo e o Burro	O cavalo e o burro	
O lavrador e a cobra enregelada	O lavrador e a cobra	O homem e a serpente			O Aldeão e a Serpente	O homem e a cobra	
O leitão e os cordeiros					O Porco, a Cabra e o Carneiro	As razões do porco	

Esopo	Bábrio	Fedro	Aviano	Índia	La Fontaine	Lobato	Millôr
					As Mulheres e o segredo	Segredo de mulher	
Os bois e o eixo					O Coche e a Mosca	O automóvel e a mosca	
O leão doente e a raposa					O Leão doente e a Raposa	A onça doente	
A raposa e as uvas	A raposa e as uvas	A raposa e as uvas			A Raposa e as Uvas	A raposa e as uvas	A raposa e as uvas
O morcego e as doninhas					O Morcego e as duas Doninhas	Pau de dois bicos	
A galinha dos ovos de ouro	A galinha dos ovos de ouro		A pata que botava ovos de ouro		A Galinha dos ovos de ouro	A galinha dos ovos de ouro	A galinha dos ovos de ouro
				A garça e o caranguejo	Os Peixes e o Alcatraz	A garça velha	
O leão e o rato agradecido	O leão e o ratinho				O Leão e o Rato	O leão e o ratinho	Hierarquia O leão e o rato

Esopo	Bábrio	Fedro	Aviano	Índia	La Fontaine	Lobato	Millôr
O bambu e a oliveira	O carvalho e o bambu		O carvalho e o caniço		O Carvalho e o Caniço	O orgulhoso	O jatobá e os juncos
O lobo e o leão						O egoísmo da onça	
		O bufão e o camponês				O imitador dos animais	
O Sol e as rãs	O Sol e as rãs	As rãs e o Sol				Mal maior	
As panelas			As duas vasilhas		A Panela de barro e a Panela de ferro	As duas panelas	
Os viajantes e a ursa			Os dois viajantes e a ursa			A pele do urso	
O leão e o onagro	O leão e o onagro em sociedade	A vaca, a cobra, a ovelha e o leão			A Novilha, a Cabra e a Ovelha de sociedade com o Leão	Liga das Nações	
A formiga e a pomba					A Pomba e a Formiga		

Esopo	Bábrio	Fedro	Aviano	Índia	La Fontaine	Lobato	Millôr
A raposa e o bode		A raposa e o bode					A Baposa e o Rode
O corvo e a raposa	O corvo e a raposa	A raposa e o corvo			O Corvo e a Raposa		O macorvo e o caco
A cadela que carregava carne	A cadela que carregava carne	O cão que levava um pedaço de carne por um rio					
O leão velho e a raposa	O leão velho e a raposa						
O lobo saciado e a ovelha	O lobo e a raposa franca						O lobo e o cordeiro
A águia e a raposa		A raposa e a águia					
O homem grisalho e as cortesãs	O homem de meia idade e as amantes	A velha e a garota que gostavam do mesmo homem					

Esopo	Bábrio	Fedro	Aviano	Índia	La Fontaine	Lobato	Millôr
A velha e o médico							O escularápio
Os dois embornais	Os dois embornais	Acerca dos defeitos dos homens					
O lobo e a ama	O lobo e a ama		A nutriz e o menino		O Lobo, a Mãe e o Filho		
				O rato e o eremita			O rato que tinha medo
O asno e o hortelão							O rei e o escravo
O asno que felicitava o cavalo							O equino e o suíno

Bibliografia comentada

Apresentam-se, como sugestão de leitura para os interessados na fábula, indicações de textos traduzidos e estudos sobre esse gênero realizados no Brasil:

I. Traduções

ESOPO. *Fábulas*, seguidas do *Romance de Esopo*. Edição bilíngue. Tradução e apresentação das *Fábulas* por André Malta e do *Romance de Esopo* por Adriane S. Duarte. São Paulo: Editora 34, 2017.

______. *Fábulas completas*. Trad. Maria Celeste Consolin Dezotti. Apresentação de Adriane Duarte. São Paulo: Cosac & Naify, 2013.

______. *Fábulas*. Trad. Antonio Carlos Vianna. Porto Alegre: L&PM, 2001.

______. *Fábulas*. Texto bilíngue. Trad. Manuel Aveleza. Rio de Janeiro: Thex, 1999.

______. *Fábulas completas*. Trad. Neide Smolka. São Paulo: Moderna, 1994.

FEDRO. *Fábulas*. Trad. Nicolau Firmino. Lisboa: Inquérito, 1990.

FEDRO E AVIANO. *Fábulas latinas*. Trad. A. T. B. Vieira. Rio de Janeiro: PPGLC/UFRJ, 2015. v.1.

LA FONTAINE. *Fábulas*. Trad. Milton Amado e Eugênio Amado. Belo Horizonte: Itatiaia, 1989. 2 v.

PAÑCATANTRA. *Fábulas indianas*. Trad. Maria da Graça Tesheiner, Mariana Erps Fleming e Maria Valíria Aderson de Mello Vargas. São Paulo: Humanitas, 2003. Livro I.

PAÑCATANTRA. *Fábulas indianas*. Trad. Maria da Graça Tesheiner, Mariana Erps Fleming e Maria Valíria Aderson de Mello Vargas. São Paulo: Humanitas, 2008. Livros II e III.

II. Estudos

BALDAN, Maria de Lourdes Ortiz Gandini (Ude). Este trabalho foi escrito para aqueles que se interessam por fábulas, ainda que sob falsos pretextos. *Estudos Linguísticos XIX* (Anais de seminários do GEL), Bauru, 1990, p.54-8.
(Estudo da fábula "O lobo e o cordeiro" de Millôr, em sua relação com os intertextos da tradição).

DEZOTTI, M. C. C. *A fábula esópica anônima:* uma contribuição ao estudo dos "atos de fábula". Dissertação de mestrado. Araraquara: FCL/Unesp, 1988.
(Estudo da estrutura discursiva da fábula esópica, partindo de uma descrição minuciosa das fórmulas metalinguísticas que articulam o discurso narrativo com o discurso moral).

______. Fábulas: narrativas performativas. *Estudos Linguísticos XIX* (Anais de seminários do GEL), Bauru, p.41-6, 1990.

______. A fábula grega: da prática discursiva ao gênero literário. *Organon*, Porto Alegre, v.13, n.27, p.137-46, 1999.
(Estudo sobre a prática da fábula na Grécia Antiga e sua evolução para gênero literário).

______; ANTONELLI, L. *Fábulas* de Lobato: a teoria e a prática de um gênero. *Estudos Linguísticos XXVIII* (Anais de seminários do GEL), São Paulo, p.455-9, 1999.
(Estudo da obra de Lobato como "conversa sobre a fábula", destacando as considerações teóricas sobre o gênero tecidas por Dona Benta).

DEZOTTI, M. C. C.; PEREZ, L. H.; QUINELATO, E. O leão, o lobo e a raposa na fábula grega. *Anais do XIV Cellip*, Curitiba, p.1293-7, 2001 (em CD).
(Descrição do caráter dos três animais mais frequentes no cenário da fábula).

DUARTE, A. S. (Org.) Vidas de Esopo. O Romance de Esopo em tradições e ensaios. São Paulo: Humanitas, 2008.
(Tradução e estudos das recenções G e W, que romanceiam episódios da vida de Esopo).

FÁVERO, L. L. Paródia e dialogismo. In: BARROS, Diana L. P.; FIORIN, J. L. (Orgs.). *Dialogismo, polifonia, intertextualidade*. São Paulo: Edusp, 1994.
(Estudo de "O lobo e o cordeiro" de Millôr, como paródia das versões tradicionais).

FIORIN, J. L. A inauguração da inocência. Uma estratégia do discurso do poder: a alteração do algoritmo narrativo. *Significação*, Araraquara, v.4, p.70-80, 1984.
(Estudo de "O lobo e o cordeiro" de Fedro, sob o viés da análise do discurso, descrevendo as competências manipulatórias do lobo).

______. Millôr e a destruição da fábula. *Alfa*, São Paulo, n.30-31, p.85-94, 1986-1987.
(Descrição das fábulas de Millôr como paródias dos textos da tradição). Disponível em: <http://piwik.seer.fclar.unesp.br/alfa/article/viewFile/3780/3495>.

LIMA, A. D. A forma da fábula. *Significação*, Araraquara, v.4, p.60-9, 1984.
(Estudo pioneiro da fábula como discurso constituído de três outros: um narrativo e um moral, articulados por um terceiro, o metalinguístico. É o melhor modelo teórico para análise de fábulas e gêneros afins, como a parábola e o apólogo).

PINTO, N. F. Lobo em pele de homem. *Estudos Linguísticos XIX* (Anais de Seminários do GEL), Bauru, p.47-53, 1990.
(Estudo semiótico do texto "O lobo e o cordeiro" de Fedro).

SOUZA, L. N. A fábula no caminho da literatura infantil. *Revista da ANPOLL* (Impresso), v.23, p.151-70, 2007.

______. Monteiro Lobato e o processo de reescritura das fábulas. In: LAJOLO, Marisa; CECCANTINI, João Luís. (Org.). *Monteiro Lobato:* livro a livro: obra infantil. São Paulo: Editora da Unesp e Imprensa Oficial, 2008. p.103-19.
(Obra vencedora do Prêmio Jabuti 2009).

______. *Nas raias de um gênero:* a fábula e o efeito fábula na obra infantil de Monteiro Lobato. São Paulo: Editora da Unesp, 2013.
(Estudo sobre a dimensão antropofágica da fábula de Lobato como experimento literário. Loide N. Souza é, atualmente, nossa maior especialista em fábula lobatiana).

______. A fábula esópica em Monteiro Lobato: um ato de fala de Dona Benta. In: SANTOS, Fernando Brandão dos; OLIVEIRA, Jane Kelly de. (Orgs.). *Estudos clássicos e seus desdobramentos:* artigos em homenagem à professora Maria Celeste Consolin Dezotti. São Paulo: Cultura Acadêmica, 2015. p.7-33.

VARGAS, M. V. A. M. Elementos para a análise da estruturação das fábulas sânscritas. *Estudos Linguísticos XIX* (Anais de Seminários do GEL), Bauru, p. 59-64, 1990.

______. *Do Pañcatantra a La Fontaine:* tradição e permanência da fábula. Tese de doutorado. São Paulo: FFLCH-USP, 1991.
(Estudo minucioso da mais antiga coleção de fábulas indianas e sua presença na obra de La Fontaine).

______. A fábula indiana e sua expansão para o Ocidente. *Revista de Estudos Árabes*, São Paulo, ano II, v.4, p.30-50, 1994.

______. Reflexos da fábula indiana nos textos de Monteiro Lobato. *Magma*, n.2, p.74-87, 1995.
Disponível em: <www.revistas usp.br/magma/article/download/80727/84382>.

______. Referenciação e (re)construção do sentido na fábula de Millôr Fernandes. *Leitura: Linguagens, representação e práxis*, v.4, p.95-106, 2009.

SOBRE O LIVRO

Formato: 14 x 21 cm
Mancha: 23 x 44 paicas
Tipologia: Venetian 301 12,5/16
Papel: Off-white 80 g/m² (miolo)
Cartão Supremo 250 g/m² (capa)

1ª edição Editora Unesp: 2018

EQUIPE DE REALIZAÇÃO

Edição de texto
Silvia Massimini Felix (Copidesque)
Nair Hitomi Kayo (Revisão)

Capa
Megaarte Design

Editoração eletrônica
Eduardo Seiji Seki

Assistência editorial
Alberto Bononi
Richard Sanches

Impresso por :

Graphium
gráfica e editora

Tel.:11 2769-9056